Stephan Handel

Recht

Was geht mich das an?

Deutscher Taschenbuch Verlag

Für Nina, für Paul, für Benedikt
und für später.

Der Autor dankt
Rechtsanwältin Bettina Geiger (Hamburg)
und Rechtsanwalt Dr. Armin Reiners (München)
für die fachliche Beratung.

Originalausgabe
In neuer Rechtschreibung
Oktober 2006

www.dtv.de
Umschlagfoto: Jan Roeder
Gesetzt aus der Meridien 10,5/13'
Gesamtherstellung: Druckerei C. H. Beck, Nördlingen
Gedruckt auf säurefreiem, chlorfrei gebleichtem Papier
Printed in Germany
ISBN-13: 978-3-423-62284-4
ISBN-10: 3-423-62284-9

Inhalt

Vorwort

Heute schon einkaufen gewesen? Einen Klingelton fürs Handy runtergeladen? In der U-Bahn schwarzgefahren? Bei jedem dieser Vorgänge sind Gesetze im Spiel, auch wenn wir das meistens nicht merken. Beim Einkaufen spielt das Bürgerliche Gesetzbuch eine Rolle, weil ein Vertrag geschlossen wurde zwischen dem Käufer und dem Verkäufer. Die Sache mit dem Klingelton ist relativ kompliziert, weil auch hier etwas gekauft wird, aber eine Sache, die nicht der Verkäufer aus dem Regal holt und die der Käufer auch nicht einfach zurückgeben kann, wenn irgendetwas damit nicht stimmt. Und wer U-Bahn fährt, ohne ein Ticket zu kaufen, der kann sich, wenn er öfter erwischt wird, plötzlich auch vor einem Gericht wiederfinden: »Erschleichung von Beförderungsleistungen« heißt das und das ist eine Straftat.

Wozu eigentlich Gesetze? Warum mischt der Staat sich ein in das, was die Menschen miteinander veranstalten? Nun, man könnte sagen: Solange alles in Ordnung ist, braucht man auch keine Gesetze. Wenn jeder seine Rechnungen zahlen würde, dem anderen nicht die Fensterscheiben einwerfen oder ihn »Idiot« nennen würde, wenn keine Morde geschehen würden, dann wären Gesetze unnötig. Weil aber schon vor langer Zeit erkannt wurde, dass immer wieder Menschen sich nicht freiwillig an die Regeln der Gemeinschaft halten, wurde irgendwann einmal festgeschrieben, wie diese Regeln denn lauten – und was passiert, wenn jemand dagegen verstößt. Das wurde im Lauf der Zeit immer komplizierter, und deshalb dauert ein Jura-Studium leicht zehn Semester, also fünf Jahre. Dazu kommt die zweijährige Referendariatszeit, bis sich jemand Anwalt nennen darf, Notar, Richter oder Staatsanwalt. Und die Rechtsanwälte spezialisieren sich dann sogar noch weiter zu so genannten Fachanwälten – für Strafrecht, Steuerrecht, Arbeitsrecht, Medienrecht und viele andere Gebiete –, weil niemand in allen Bereichen absolut firm sein kann.

Vier Mal Recht

Das Staatsrecht

Das Recht gliedert sich heute in vier große Bereiche. Über allem steht das Staatsrecht, das heißt grob gesagt: die Verfassung, die in Deutschland Grundgesetz heißt. Sie beginnt mit den allgemeinen Menschenrechten, deren oberstes Gesetz wiederum gleich in Artikel 1 steht: »Die Würde des Menschen ist unantastbar.« Dieser Grundsatz beeinflusst alle weiteren Gesetze, das ist die Grundvoraussetzung der deutschen Demokratie – was allerdings nicht heißt, dass sie nicht manchmal doch ein bisschen antastbar sein darf, die Menschenwürde. Das Landgericht Frankfurt hatte im Herbst 2004 einen solchen Fall zu entscheiden: Der stellvertretende Polizeipräsident der Stadt hatte einem festgenommenen Kindsentführer Folter angedroht, wenn er nicht sagen würde, wo er sein Opfer versteckt hält. Verstieß das gegen das Gebot der Menschenwürde? Ist es in solchen Ausnahmefällen vielleicht doch erlaubt, einem Verbrecher Schmerzen zuzufügen, obwohl auch er ja unzweifelhaft ein Mensch ist? Oder wiegt die Sorge um das Opfer schwerer, von dem zum Zeitpunkt der Folter-Androhung noch niemand – außer dem Täter – wusste, dass es schon tot war? Das Gericht hielt sich im Prozess gegen den Vize-Polizeipräsidenten mehr oder weniger raus, verwarnte ihn nur, und die Geldstrafe wurde zur Bewährung ausgesetzt.

Das Bürgerliche Recht

Der zweite große Bereich – und der, mit dem jeder täglich zu tun hat, meist, ohne etwas davon zu bemerken – ist das Bürgerliche Recht oder Zivilrecht. Ungefähr: Was zwei Leute miteinander vereinbaren. Kaufen, verkaufen, heiraten, sich trennen, mieten, arbeiten, Firmen gründen, Häuser bauen, Kinder kriegen, sterben: In den allermeisten Fällen läuft das völlig unauffällig und automatisch, niemand muss mit dem Bürgerlichen Gesetzbuch unterm Arm zum Semmeln holen gehen.

Kompliziert wird es dann, wenn etwas schief geht, wenn die Rechnung nicht bezahlt wird, wenn das eben erst gekaufte Auto bei einem Brand zerstört wird, bevor es der neue Besitzer erhalten hat, wenn der Vermieter behauptet, die Wohnung jetzt für seinen Cousin zu benötigen, wenn nach der Scheidung der Mann meint, er müsse zu viel bezahlen, oder die Frau glaubt, sie bekomme zu wenig. Wenn einer etwas kaputtgemacht hat, das einem anderen gehört.

Das BGB gliedert sich in fünf Bücher mit insgesamt 2385 Paragraphen: Der Allgemeine Teil beschreibt das »Rechtssubjekt« (also: Eigentümer, Besitzer, natürliche Person, juristische Person) sowie die grundlegenden Regeln über Eigentum und Vertrag.

Thema des zweiten Buches ist das Schuldrecht, mit den Hauptabteilungen Vertrag und Delikt: Der eine und ein anderer machen etwas aus – wie geht das? Und was passiert, wenn sich der eine oder der andere nicht daran hält?

Das dritte Buch ist das Sachenrecht, also die Regelung des Eigentums – hört sich erst einmal einfach an, aber die Juristen haben sich schon etwas einfallen lassen, um das auf 452 Paragraphen zu erörtern.

Viertens geht es um das Familienrecht, das jedem Paar vor dem Traualtar egal sein dürfte, aber wenn die große Liebe ein paar Jahre später vorbei ist, dann haben Scheidungsanwälte das Wort.

Schließlich, fünftens, das Erbrecht, das mehr als alle anderen Bereiche seine politische Dimension erkennen lässt: Wenn allen alles gehören würde – und das war so zum Beispiel in frühen Stammesgesellschaften auf dem Bärenfell –, dann braucht es auch keine Regelungen dafür, was mit dem persönlichen Eigentum eines Menschen passiert, wenn er stirbt.

Das Verwaltungsrecht

Nächste Abteilung des Rechts: Verwaltung oder öffentliches Recht. Regelt das Zivilrecht die Verhältnisse der Menschen untereinander, so greift das Verwaltungsrecht immer dann, wenn sich der Staat und der Bürger gegenüberstehen – darf an dieser Stelle ein Haus gebaut werden und wie soll es aussehen? Bekommt der Student Geld vom Staat nach dem Bundesausbildungsförderungsgesetz, also BAföG? Wer hat ein Recht auf Sozialhilfe?

Im Verwaltungsrecht ist sehr viel mehr von vornherein in Gesetzen geregelt als im Zivilrecht – wenn jemand Lust hat und dumm genug ist, dann kann er für eine alte Rostlaube kurz vor dem Schrottplatz 20 000 Euro zahlen, und niemand wird ihn daran hindern. Das ist seine Entscheidung und heißt Vertragsfreiheit: die Freiheit des Einzelnen, Verträge zu schließen, wie es ihm gefällt. Die Verwaltung hingegen ist in ihrem Handeln an die Gesetze gebunden, an Verordnungen und Satzungen und allerlei anderes, wo erklärt wird, wie die Gesetze anzuwenden sind. Es kann also nicht der Sachbearbeiter im Bauamt heute einen Bauantrag genehmigen und morgen einen gleichartigen ablehnen, nur weil er einen schlechten Tag hat. Oder BAföG nicht bezahlen, weil ihm die Nase des Antragstellers nicht gefällt – er hat sich an das Gesetz zu halten, und wenn der Bürger den Eindruck hat, da sei nicht alles richtig gelaufen, dann kann er dagegen klagen.

Das Strafrecht

Am häufigsten in den Medien erwähnt und moralisch, menschlich am schwierigsten zu fassen ist das Strafrecht. Natürlich darf man keinen Menschen töten. Natürlich darf man nicht einfach im Supermarkt Sachen wegnehmen und nicht bezahlen. Natürlich darf man niemanden vergewaltigen, und natürlich ist die Empörung, das Entsetzen und die Abscheu noch größer, wenn es ein Kind war, dem so etwas angetan wurde.

Aber dann ist der Täter gefasst, er kommt vor Gericht: Ab da weiß niemand mehr, was richtig ist. Strafen: ja – aber wie? In vielen Bundesstaaten der USA werden Mörder hingerichtet, ohne dass die Zahl der Morde wesentlich gesunken wäre. Ein Triebtäter, der seine Taten nicht mit kühler Planung, sondern aus einem inneren Zwang begeht, ist nach 20 Jahren Haft wahrscheinlich noch genauso gefährlich, wenn sonst nichts mit ihm geschieht, zum Beispiel eine Therapie. Und ein Dieb, der stiehlt, weil er keine Arbeit bekommt, den wird erst recht niemand einstellen, wenn in seinen Papieren auch noch »vorbestraft« steht.

Immer wieder wird diskutiert, ob Gefängnisstrafen Sinn haben – aber noch hat niemand einen besseren Vorschlag gemacht, der auch praktikabel wäre. Gängig, anerkannt sind vier Strafgründe, also vier Gründe, warum sich die Gesellschaft das Recht nimmt, Menschen zu bestrafen. Die beiden ersten handeln von der Prävention – der Vorbeugung. Dieser eine Täter soll, zumindest für die Zeit seiner Haft, daran gehindert werden, weitere Straftaten zu begehen. Das nennt man Spezialprävention.

Zweitens Generalprävention – wenn man das Beispiel mit der Todesstrafe weglässt, noch der schlüssigste Grund für Strafe: Andere Leute sollen daran gehindert werden, ähnliche Taten zu begehen, weil sie sehen, dass sie bestraft werden würden; und das muss ja jeder zugeben, dass er manche Taten nur deshalb nicht begeht, weil er Angst hat, erwischt zu werden.*

Drittens Resozialisierung. Auf den Täter soll während der Zeit seiner Strafe so eingewirkt werden, dass er danach ein wertvolles Mitglied der Gesellschaft werden kann.

Viertens Vergeltung. Lange Zeit hatte etwa die Familie eines Mordopfers das Recht, am Täter oder an seiner Familie Rache zu üben. Aus guten Gründen gesteht der Staat das den Opfern heute nicht mehr zu, sondern macht in eigenem Namen gut, was der Gesellschaft – und also auch den Opfern und ihren Angehörigen – widerfahren ist. Zwar ist es unter Psychologen umstritten, ob dem, dem Schlimmes geschehen

* Und: Insofern er Gesetzesbrecher bestraft, verteidigt der Staat die Ordnung des Rechts.

ist, durch ein Gerichtsurteil wirklich geholfen wird. Aber dass Selbstjustiz keine Lösung sein kann, daran besteht kein Zweifel.

Vier Bereiche des Rechts – vier komplizierte, verschlungene, differenzierte Gebiete, die unser Leben mehr bestimmen, als uns bewusst ist. Dieses Buch macht den Versuch, den ganzen juristischen Kladderadatsch so einfach wie möglich zu erzählen, so unterhaltsam, wie es nur geht, aber trotzdem so korrekt wie nötig. Es wird versuchen zu zeigen, warum Gesetze notwendig sind, es wird sagen, wie unsere Gesetze entstanden und warum wir nicht ohne sie auskommen, und es wird hoffentlich der allgemeinen Empörung entgegenwirken, wenn wieder einmal ein Richter ein Urteil gesprochen hat, das die ›Bildzeitung‹ »skandalös« nennt. Auch mit juristischen Volksmythen will es aufräumen – nein, Eltern haften nicht für ihre Kinder. Das Ganze ist so formuliert, dass es Nichtjuristen verstehen. Wenn sich Juristen darüber mit Grausen abwenden, so sei ihnen das erstens gestattet, zweitens seien sie auf das Kapitel »Wie Juristen sprechen« verwiesen.

Das Staatsrecht

Das Grundgesetz

Wie ein Staat gemacht wird

Der stärkste Satz des deutschen Grundgesetzes ist ziemlich versteckt – wenngleich er sich ganz am Anfang findet, in der Präambel: »... hat sich das Deutsche Volk kraft seiner verfassungsgebenden Gewalt dieses Grundgesetz gegeben.« Das war 1949, als Deutschland noch besetzt war von den Siegermächten des Zweiten Weltkriegs – und also weit entfernt von Eigenständigkeit und Souveränität. Dennoch: Die so genannten »Väter des Grundgesetzes«, die auf der Insel Herrenchiemsee beraten hatten, schrieben diese vier Wörter bewusst in den Text – »kraft seiner verfassungsgebenden Gewalt«: Wir sind ein Volk, wir sind ein Staat, wir haben das Recht, uns selbst eine Verfassung zu geben, und wir werden niemanden um Erlaubnis fragen – ein höchst selbstbewusster Anfang für ein Volk, das gerade erst erkannte, an welchen Verbrechen es schuldig geworden war im so genannten Tausendjährigen Reich, das nur zwölf Jahre währte.

Die Menschenrechte zuerst

Den Zweiten Weltkrieg ausgelöst, Europa zerstört, 60 Millionen Menschen tot, sechs Millionen Juden ermordet in den Konzentrationslagern – die Einsicht in diese Verbrechen war sicher ein Grund dafür, warum der Verfassungskonvent auf Herrenchiemsee an den Beginn seines Textentwurfs für das Grundgesetz etwas stellte, was in der Verfassung der Französischen Revolution erst recht weit hinten kam, ebenso in der amerikanischen Constitution: Das Grundgesetz beginnt mit den Menschenrechten, mit jenen Rechten, die jedem Menschen zustehen und die ihm auch niemals aberkannt werden können (es sei denn, der Bundestag beschließt ein Gesetz – dazu später mehr). »Die Würde des Menschen ist unantastbar«, so lautet Artikel 1 des Grundgesetzes, ein Satz, der nicht interpretiert werden muss, sondern so da steht, wie er geschrieben ist. Es geht weiter mit dem Recht auf freie Entfaltung der Persönlichkeit, also tun und lassen zu können, wozu man Lust hat, so weit dadurch nicht andere in ihren Rechten eingeschränkt werden. Danach folgt das Recht auf Leben, körperliche Unversehrtheit und die Freiheit der Person.

Hier kommt aber schon die erste Einschränkung: »In diese Rechte darf nur auf Grund eines Gesetzes eingegriffen werden.« Warum ist dieser Zusatz notwendig? Man könnte sich zum Beispiel vorstellen, dass eine Epidemie in Deutschland um sich greift und dass der Staat als einzige Möglichkeit zu ihrer Eindämmung eine verpflichtende Impfung für alle anordnen will. Das ist aber auf jeden Fall ein Eingriff in die körperliche Unversehrtheit – also darf der Gesundheitsminister das nicht einfach verkünden, der Bundestag muss zusammentreten und ein Gesetz beschließen. Das Gleiche gilt jetzt schon zum Beispiel für Gefängnisstrafen, die stärkste Beschränkung des Rechts auf persönliche Freiheit. Aber auch wenn junge Leute zur Bundeswehr gehen, dürfen sie ab diesem Moment nicht mehr über alle ihre Handlungen selbst bestimmen, und wenn sie zu einem der zahlreicher werdenden Auslandseinsätze in Kriegsgebiete geschickt werden, kann ihr Leben in Gefahr kommen. Doch so dramatisch muss es gar nicht werden: Für jedes Kind gilt ab dem sechsten Lebensjahr die Pflicht, eine Schule zu besuchen. Das mag mancher gelegentlich, vor allem im Sommer, für eine eklatante Beschränkung der persönlichen Freiheit halten. Weil aber alles ordnungsgemäß in einem Gesetz geregelt ist, lässt sich dagegen leider nichts machen.

Ich = Du

Der nun folgende Artikel des Grundgesetzes, Artikel 3, ist deshalb besonders wichtig, weil er ein universales Prinzip darstellt, wie immer bei grundlegenden Dingen in den einfachsten Worten: »Alle Menschen sind vor dem Gesetz gleich.« Im darauf folgenden Satz eine Klarstellung, auf die vielleicht irgendwann verzichtet werden kann: »Männer und Frauen sind gleichberechtigt.« Das ist nicht so selbstverständlich, wie es sich anhört – noch in den 1950er Jahren durfte ein Mann seiner Frau verbieten, einer Arbeit nachzugehen, wenn er fand, dass sie deswegen ihren Hausfrauenpflichten nicht ausreichend nachkam.

Im dritten Satz des Artikels noch einmal eine allgemeine Erläuterung, was die Gleichheit aller Menschen bedeutet: Dass niemand benachteiligt werden darf wegen seines Geschlechts, seiner Abstammung, seiner Rasse, seiner Sprache, seiner Heimat und Herkunft, seines Glaubens, seiner Religion, seiner politischen Überzeugung oder weil er behindert ist. Dieses letzte Beispiel zeigt allerdings auch, was das Grundgesetz nicht leisten kann: Natürlich ist jemand benachteiligt, der gezwungen ist, im Rollstuhl zu sitzen, da hilft das beste Gesetz nichts. Er kann allerdings darauf bestehen, dass ihm das Leben nicht noch schwieriger gemacht wird, als es sowieso schon ist – barrierefreie Bürgersteige, Behindertentoiletten, Lifte in U-Bahnhöfen entspringen direkt dem Benachteiligungsverbot des Grundgesetzes. Eines noch: Wer den ersten Satz des Artikels aufmerksam liest, dem wird auffallen, dass da steht: »Alle Menschen ...« Alle Menschen. Nicht »Alle Deutschen ...« Das ist der Unterschied zwischen Menschenrechten, die allen Menschen zustehen, und Bürgerrechten, von denen nur Bürger profitieren, also deutsche Staatsangehörige. Ein Bürgerrecht ist zum Beispiel das Recht zu wählen, zu dem wir später noch kommen.

»Die Freiheit des Glaubens, des Gewissens und die Freiheit des religiösen und weltanschaulichen Bekenntnisses sind unverletzlich« – so lautet der Artikel 4 GG. Das ist nicht nur aus historischen Gründen, vor dem Hintergrund der Judenverfolgung, ein wichtiges Grundrecht. Heute kollidiert es gelegentlich mit dem Recht auf Meinungsfreiheit: Welches Recht ist wichtiger? Darf man sich im Namen der Meinungsfreiheit über Religion, über persönlichen Glauben lustig machen? Oder endet das Recht auf Meinungsäußerung dort, wo andere dadurch ihren Gott beleidigt sehen? Grundsätzlich regeln lässt sich das kaum, vielmehr müssen meistens Gerichte den Einzelfall entscheiden. Ab einem Alter von 14 Jahren übrigens kann jeder selbst bestimmen, ob er einem Bekenntnis angehören will und welchem. Ab zwölf Jahren darf niemand gezwungen werden, sein Bekenntnis zu wechseln.

Nach der Religionsfreiheit ist der Artikel 5 dran, der das wichtige Recht der Presse- und der Meinungsfreiheit beschreibt: »Jeder hat das Recht, seine Meinung in Wort, Schrift und Bild frei zu äußern und zu verbreiten (...).« Das bedeutet: Jeder ist Journalist. Jeder darf aufschreiben, was er für richtig hält, darf es drucken lassen und unter die Leute bringen – ob die es dann auch lesen wollen, ist eine andere Sache. Eingeschränkt wird dieses Recht nur von den »allgemeinen Gesetzen, den gesetzlichen Bestimmungen zum Schutze der Jugend und in dem Recht der persönlichen Ehre«. Das heißt: Das Recht auf Meinungsfreiheit umfasst nicht das Recht, zum Beispiel andere zu beleidigen. Oftmals ist es eine knifflige Angelegenheit abzuschätzen, ob in einem konkreten Fall die Pressefreiheit oder ein anderes Grundrecht höher einzuschätzen ist. Einige selbst ernannte Historiker zum Beispiel versuchen immer wieder unter Hinweis auf die Meinungsfreiheit, die Verbrechen des Nationalsozialismus mittels pseudowissenschaftlicher Methoden zu relativieren. Die Gerichte entscheiden in solchen Fällen meist sehr eindeutig: Zwar ist es erlaubt, im Namen der Pressefreiheit Unsinn zu reden, was ja auch tagtäglich geschieht. Aber Millionen Ermordete zu verhöhnen, indem man die an ihnen begangenen Verbrechen leugnet – dazu muss das Grundgesetz nicht herhalten.

Verliebt, verlobt, verheiratet

Um den Artikel 6 hat sich zu Beginn des 21. Jahrhunderts ein handfester Streit entsponnen: »Ehe und Familie stehen unter dem besonderen Schutz der staatlichen Gewalt.« Das wirkt sich unter anderem aus, wenn es darum geht, wie viel Steuern Eheleute zahlen müssen, nämlich deutlich weniger als gleichgestellte Unverheiratete; das zeigt sich darin, dass der Staat Eltern Kindergeld bezahlt und dass der eine Partner nach dem Tod des anderen weiterhin von dessen

Rente etwas hat. Der Grund für diese Bevorzugung: Jeder Staat braucht Nachwuchs, wenn eine Gesellschaft keine Kinder mehr bekommt, ist sie in jeder Hinsicht dem Tode geweiht. Nun kamen aber vor einigen Jahren Homosexuelle, Lesben und Schwule, und sagten: Schaut uns an. Leben wir nicht auch wie Verheiratete? Seit Jahren in einem gemeinsamen Haushalt, gemeinsame Kasse, alles ganz genau so wie bei den Heteros nebenan. Nur heiraten dürfen wir nicht, wir müssen die höheren Steuersätze bezahlen, und wenn einer stirbt, fliegt der andere womöglich noch aus der Wohnung. Das ist ungerecht! Womit sie ja nicht ganz Unrecht hatten.

Die Diskussion danach drehte sich hauptsächlich um zwei Fragen: Wird die Ehe geschützt, weil da zwei sind, die aufeinander aufpassen, füreinander sorgen, in einem besonderen Verpflichtungsverhältnis zueinander stehen? Dann müsste dieser Schutz natürlich auch den Lesben und Schwulen zustehen. Oder beschützt der Staat die Familie wegen der Kinder? Dann hätten nur Paare Anspruch auf diesen Schutz, denen die Möglichkeit zur Fortpflanzung gegeben ist. Am Ende kam ein Kompromiss heraus – Homosexuelle haben nun die Möglichkeit, sich in einer »eingetragenen Lebensgemeinschaft« zueinander zu bekennen, die genauso wie eine Heirat vor dem Standesamt vollzogen wird, mit ähnlichen Rechten und Pflichten wie Eheleute – aber eben nicht mit allen. Höhere Steuern zum Beispiel zahlen sie weiterhin.

Grundrechte in Gefahr

Versammlungsfreiheit, Vereinigungsfreiheit, Brief-, Post- und Fernmelde-, also Telefongeheimnis, Unverletzlichkeit der Wohnung sind weitere Grundrechte, die uns allen völlig normal vorkommen, so normal, dass sie uns im Alltag nicht mehr auffallen. Doch ist vielleicht gerade deswegen umso mehr Wachsamkeit notwendig: Der technische Fortschritt macht es möglich, dass von jedem Bürger immer mehr Daten zur Verfügung stehen. Jedes Handy sendet jederzeit Informationen darüber, wo es sich gerade befindet – und damit mutmaßlich auch sein Besitzer. Jeder Besuch im Internet hinterlässt Spuren, und wir müssen uns darauf verlassen, dass die Provider sie wirklich nicht länger speichern als notwendig, etwa zum Zweck der Abrechnung.

Natürlich sagen die Unbescholtenen in diesen Fällen immer: Meine Daten können sie ruhig speichern, ich tu ja nichts Verbotenes. Aber weiß man immer und jederzeit, wer darauf Zugriff hat? Wer beobachtet die zahllosen Video-Schirme, mit deren Hilfe unsere Innenstädte überwacht werden? Was sieht er darauf und wem erzählt er davon?

Ein Beispiel aus einer Zeitungsredaktion kann erläutern, was geschehen kann, wenn Bilder vor falsche Augen kommen: Da hatte der Fotograf den Auftrag, bei einem Faschingsball ein schönes, atmosphärisches Bild zu machen. Er kam zurück mit einem Traum von einem Foto – eine volle Tanzfläche, leicht verwischt, vorne dran, nicht herausgehoben, aber doch deutlich zu erkennen, ein wunderhübsches Paar, er im Smoking, sie im Abendkleid, beide ganz versunken in einen Walzer oder was auch immer. Das Foto erschien – und am nächsten Tag rief der Mann im Smoking in der Redaktion an: Er finde das Bild ja auch sehr schön, habe jetzt aber trotzdem ein Problem: Die Frau, mit der er da tanzt, sei leider nicht seine Frau – die saß an dem Abend zu Hause und dachte, er müsse noch arbeiten.

Ein Zufall, natürlich, und nach den Buchstaben des Presserechts war der Zeitung auch kein Vorwurf zu machen. Aber der Fall macht auch deutlich, was geschehen kann, wenn der Teufel es will. Vor allem aber: Jede Tendenz zeigt, dass, wenn ein Gesetz ein Mittel erlaubt, dieses Mittel auch angewendet wird. Ende 2005 hatte der damals gerade frisch ernannte Innenminister Wolfgang Schäuble die Idee, man könne doch die Funkmasten an den Autobahnen, die die Daten für die Lkw-Maut erfassen, auch für Fahndungszwecke nutzen – natürlich nur in Fällen schwerer Verbrechen und wenn ein Richter zustimmt. Aber wer stellt sicher, dass die Daten wirklich nur dafür eingesetzt werden – wenn es doch für das Finanzamt manchmal ganz praktisch sein könnte, ebenfalls zu wissen, welcher Lkw wann wo gefahren ist?

Die Diskussion darüber ist seit den Anschlägen auf das World Trade Center am 11. September 2001 schwieriger geworden – denn wer wollte nicht dem Staat erlauben, zur Terrorismus-Bekämpfung alles nur Denkbare zu unternehmen? Doch andererseits: Was ist ein Grundrecht wert, das nicht mehr gelten soll, nur weil es gerade nicht passt?

Das Recht ist nie fertig

Es war ein weiter Weg, bis das Recht an dem Punkt angelangt war, an dem es sich heute befindet. Dennoch kann man nicht sagen, dass es nun »fertig« sei: Neue Formen des menschlichen Miteinanders entwickeln sich und damit auch neue Möglichkeiten, diese zu missbrauchen. Dadurch entsteht neuer Bedarf an staatlicher Regelung, an neuen Gesetzen. Wer konnte vor 50 Jahren daran denken, dass heute in nahezu jedem Haushalt ein Computer steht und dass fast jeder Verbindung zum Internet hat? Vor 50 Jahren musste sich niemand Gedanken machen über Musik-Download, Online-Geschäfte und den Versand von Kinderpornographie über das Netz – einfach weil es das Netz noch nicht gab. Das Asylrecht steht zwar aus gutem Grund in der Verfassung – zu viele Deutsche mussten selbst vor den Nazis flüchten und waren im Ausland auf Hilfe angewiesen –, doch konnte damals niemand ahnen, wie sich Europa entwickeln würde und wie die Lage der Menschen in den armen Ländern Osteuropas oder Afrikas. Niemand sah voraus, dass die Lage dieser Menschen so verzweifelt werden würde, dass sie massenhaft ihre Heimat verlassen, Strapazen, Gefahr und Demütigungen ertragen würden nur wegen der mehr als vagen Aussicht, in Europa ein menschenwürdiges Leben führen zu können. Der Streit um die Reform des Asylrechts war eine der großen politischen Diskussionen zu Beginn der 90er Jahre. Schließlich änderte der Bundestag das Grundgesetz, und aus dem einfachen, unmissverständlichen Satz »Politisch Verfolgte genießen Asylrecht« wurden fünf Absätze, in denen juristisch höchst verwinkelt beschrieben wird, wer wann wie nach Deutschland eingereist sein muss, um hier Asyl beantragen zu dürfen. Klarer ist das Ganze dadurch nicht geworden, und ob das neue Verfahren der Geschichte Deutschlands gerecht wird, darüber kann man unterschiedlicher Meinung sein. Aber: Das Recht sah sich einer neuen Situation gegenüber und hat darauf reagiert.

Die Entstehung des Rechts

Wer braucht eigentlich Gesetze?

Woher jedoch kommt eigentlich das Recht? Wie sind die Menschen auf die Idee gekommen, sich Gesetze zu geben, allgemein gültige Regeln darüber, wie sie miteinander umgehen wollen und wie der bestraft wird, der gegen diese Regeln verstößt?

Die Anfänge liegen wie der Großteil der Menschheitsgeschichte im Dunkeln – für alles vor Erfindung der Schrift, etwa 3 000 Jahre vor Christi Geburt, sind Forscher auf Vermutungen angewiesen, auf Rückschlüsse aus archäologischen Funden und deren Interpretation. Was die Geschichte des Rechts betrifft, haben sie sich einen anderen schlauen Trick einfallen lassen, der im Fachjargon »komparative Ethnologie« heißt, übersetzt: vergleichende Volkskunde. Der Trick geht so: Die Wissenschaftler suchten sich Volksstämme, von denen sie annahmen, dass sie mit der modernen Zivilisation nicht oder kaum in Berührung gekommen waren, beobachteten sie und sagten dann: So muss es also früher gewesen sein. Heute würde es wahrscheinlich schwierig werden, solche Gruppen zu finden. Aber erforscht wurden in früheren Jahrzehnten die Inuit in der Arktis, die Indianer vom Stamme der Schoschonen in den USA, Urvölker in Afrika, Asien, Australien.

Diese Völker leben oder lebten zum Teil noch auf einer Entwicklungsstufe, die der Rest der Menschheit vor mehr als 10 000 Jahren verlassen hat: Jäger und Sammler, relativ kleine Gruppen von vielleicht 50 Leuten, die herumzogen auf der Suche nach Jagdwild und anderer Nahrung. Besitz hatten sie nicht viel, denn alles musste ja getragen werden von einem Lagerplatz zum nächsten. Sie legten keine Vorräte an, sondern lebten von dem, was sie täglich erbeuteten, und das wurde unter allen geteilt. Gesetze kannten sie kaum, so nehmen die Forscher an: Wenn jemand etwas falsch gemacht hatte, beratschlagte die Gruppe von Fall zu Fall darüber, wie er zu bestrafen sei. Das, was heute Zivilrecht heißt, war überhaupt kein Problem – wenn allen alles gehört, wird nicht gehandelt, also müssen auch keine Verträge in irgendeiner Form geschlossen werden, und ohne persönliches Eigentum gibt es auch keine Notwendigkeit, die Erbfolge zu regeln.

Ich und mein Jungsteinzeitrind

Das änderte sich, als die Ersten eine neue Art zu leben entwickelten: Sie ließen sich nieder, wurden sesshaft, bestellten Felder, hielten Haustiere, legten Vorräte an. Leicht vorstellbar, dass in dieser Jungsteinzeit, also vor etwa 10 000 Jahren, zum ersten Mal ein Jungsteinzeitmann gegen Abend am Rande seines Getreidefeldes stand, sich anschaute, was er heute geleistet hatte, und dann dachte: Das ist meins – womit natürlich der Konflikt mit dem altmodischen Sammler programmiert war, der mit seiner Horde vorbeikam, das Getreide sah und dachte: Prima. Heute Abend gibt es Brot.

Wie solche Konflikte gelöst wurden, auch darüber haben die Ethnologen begründete Annahmen. Vermutlich wendeten sich die Leute, wenn es Streit gab, an einen Vermittler, der versuchte, die unterschiedlichen Interessen auszugleichen und die beiden Streithähne zu versöhnen. Seltener wurde wohl ein Schiedsrichter eingesetzt, aber das war schon ein gravierender Unterschied: Die Streitparteien verpflichteten sich, den Spruch des Schiedsrichters zu akzeptieren; er kam also dem schon recht nahe, was man heute unter einem Richter versteht. Daneben gab es aber auch noch Zauberer, Orakel, Magie zur Befriedung von Konflikten.

Man darf nicht vergessen: Die Gesellschaft damals war egalitär, nicht hierarchisch gegliedert, es gab noch keinen Häuptling, keinen König, keinen Kaiser, keinen Bundeskanzler. Es gab überhaupt noch keine Staaten. Die entstanden erst im dritten und im zweiten Jahrtausend vor Christus, in Mesopotamien, in Ägypten, in China, in Indien, Griechenland, Mexiko, Peru. Der arabische Gelehrte Ibn Chaldun hat im 14. Jahrhundert geschrieben, dass die Entstehung von Staaten immer nur einen Grund hat: die Unterwerfung friedlicher Bauern durch kriegerische Hirtenvölker. Da mag einiges dran sein. Die Unterwerfer mussten ein Drohgebäude aufbauen, sie mussten den Unterworfenen sagen: Wenn du das und das nicht tust, dann wird dir das und das geschehen.

Die Unterworfenen wiederum konnten nicht mehr jeder einzeln vor sich hin wursteln, sie mussten Tribut und Abgaben bezahlen, waren also gezwungen, sich zu organisieren. Das war das Ende der Egalität, der Beginn der Hierarchie. Weil diese frühen Staaten noch nicht der eigentlichen Definition von Staaten entsprechen, werden sie »Proto-Staaten« genannt – also »Fast-schon-so-wie-Staaten«.

Jetzt gibt es Keile

Von diesem Zeitpunkt an haben die Unsicherheit der Forscher, die Vermutungen und Mutmaßungen ein Ende: Denn in Mesopotamien, also ungefähr dort, wo heute der Irak liegt, erfand der Stamm der Sumerer die Schrift, indem sie kleine Keile in Tontafeln drückten – die Keilschrift. Die Tontafeln wurden verwendet, um in den Tempeln Buch zu führen darüber, was der Einzelne im Laufe des Jahres dort abgeliefert und was er dafür bekommen hatte – Tauschwirtschaft, denn Geld gab es noch nicht. Offenbar wurde dieses Justizsystem jedoch auch benutzt, um andere Dinge aufzuschreiben als den Tempeltausch. 1948 wurde der so genannte ›Codex Urnammu‹ gefunden, benannt nach dem König Urnammu, der um 2100 v. Chr. regiert hat – das älteste im Wortlaut bekannte Gesetz. Und eines mit harschen Anweisungen: Wenn ein Mann einen Mord begeht, muss dieser Mann getötet werden, so lautet Paragraph 1.

Wir lassen die Sumerer beiseite, ebenso die alten Griechen, die Römer und die Entwicklung des Rechtssystems in Europa bis in die Neuzeit und kehren zurück zum deutschen Grundgesetz. Das, so war oben zu lesen, beginnt mit den Menschenrechten – die ersten 19 Artikel. Der zweite Abschnitt wird eingeleitet mit einem auf den ersten Blick recht unscheinbaren Satz aus nur neun Wörtern, der jedoch alles enthält, was der neue Staat sich vorgenommen hatte zu sein. Artikel 20, Absatz 1: »Die Bundesrepublik Deutschland ist ein demokratischer und sozialer Bundesstaat.«

Wie die Bundesrepublik zu ihrem Namen kam

Nicht sehr beeindruckend? Dieser kleine Satz enthält zum Ersten den Namen des neuen Staats: Bundesrepublik Deutschland. Aber das bedeutet auch noch etwas anderes – eine Bundesrepublik soll es sein, also föderalistisch, was durch das Wort »Bundesstaat« am Ende des Satzes noch bekräftigt wird. Zweitens: Eine Republik, also demokratisch soll regiert werden. Eine weitere Bedeutung war den Verfassern des Grundgesetzes damals durchaus bewusst, über die der Lauf der Geschichte mittlerweile hinweggegangen ist: Durch das Wort »Deutschland« erhebt der neue Staat Anspruch darauf, Nachfolger des Deutschen Reichs von 1871 zu sein. Die beiden Adjektive am Ende bekräftigen noch einmal das Demokratie- und Sozialstaatsgebot.

Absatz 2: »Alle Staatsgewalt geht vom Volke aus. Sie wird vom Volk in Wahlen und Abstimmungen und durch besondere Organe der Gesetzgebung, der vollziehenden Gewalt und der Rechtsprechung ausgeübt.« Besondere Organe der Gesetzgebung, das sind die Parlamente. Vollziehende Gewalt ist die Staatsverwaltung mit der Regierung ganz oben. Rechtsprechung – die Gerichte. Die klassische Gewaltenteilung, in den Fachbegriffen: Legislative, Exekutive, Judikative. Praktisch soll es also so sein: Der Gesetzgeber – daher der Name – beschließt Gesetze. Die Exekutive, die ausführende Gewalt, setzt sie um, sorgt dafür, dass staatliches Handeln nach diesen Gesetzen geschieht. Und die Gerichte wachen darüber, dass alles mit rechten Dingen zugeht.

Und wie sieht die Praxis heute aus? Nicht ganz so übersichtlich. Viele Gebiete der Gesetzgebung sind mittlerweile so kompliziert geworden, dass der normale Abgeordnete damit überfordert ist; er muss sich auf das verlassen, was die Fachleute in den Verwaltungen (und manchmal auch in den Parteizentralen) ausarbeiten und ihm als Lösung für ein Problem vorlegen. Sodann gibt es natürlich in jedem Parlament, in jeder Fraktion, in jeder Regierung Freunde, Klüngel, Gesprächsrunden, in denen manche Sachen schon vorab geregelt werden. Die eigentliche Kompromissarbeit geschieht sowieso nicht im Plenum des Bundestags, sondern vorher schon, während der Beratungsphase in den Ausschüssen. Und noch eine Tendenz beobachten Kritiker mit Sorge: dass das Parlament Gesetze beschließt und erst dann das Bundesverfassungsgericht entscheidet, ob diese Gesetze überhaupt rechtens sind – eine Verlagerung der Legislative auf die Judikative. Sollen die Parlamentarier doch gleich darauf achten, dass ihre Gesetze verfassungsgemäß sind, meinen die Kritiker.

Das politische System

Das Fundament des Staates

Dennoch – der Artikel 20 Grundgesetz legt den Staat fest. Er heißt deshalb auch »Staatsfundamentalnorm«. Im Prinzip kann man sagen, dass alles, was folgt, Ausführungsbestimmungen zu diesem Absatz sind. Das sieht man an den weiteren Artikeln des Abschnitts II: Einzelregelungen. Was sind Parteien? Wie sieht die Bundesflagge aus? Wie steht es um die Rechte und Pflichten der Bundesländer? Und was ist, wenn Bund und ein Land sich nicht einig sind? Das ist ganz einfach: »Bundesrecht bricht Landesrecht«, heißt es in Artikel 31 GG. So stand in einigen Landesverfassungen noch lange Jahre nach Kriegsende die Todesstrafe. Aber »Die Todesstrafe ist abgeschafft«, lautet Artikel 102 GG. Und damit ist sie auch in den Ländern abgeschafft.

Wir haben die Wahl

Der Abschnitt III beginnt mit dem Artikel 38 und ist überschrieben: »Der Bundestag«. Gleich zu Beginn wird definiert, wie er denn gewählt wird, nämlich »in allgemeiner, unmittelbarer, freier, gleicher und geheimer Wahl«. Allgemein, das heißt: Jeder Staatsbürger (sobald er 18 Jahre alt ist) darf wählen. Unmittelbar heißt: Die abgegebenen Stimmen entscheiden direkt über die Zusammensetzung des Bundestags, nicht indirekt wie zum Beispiel bei der Wahl des US-Präsidenten, wo die Wähler Wahlmänner wählen, und die erst wählen das Staatsoberhaupt – was manchmal komische Ergebnisse produziert, wenn man das Ergebnis mit den tatsächlichen Stimmenanteilen vergleicht. Da kann es schon vorkommen, dass bei direkter Wahl ein anderer Kandidat gewonnen hätte als bei dem Wahlmänner-System.

Frei heißt: Niemand darf zu einem bestimmten Stimmverhalten gezwungen werden – einerseits. Andererseits: Niemand darf daran gehindert werden, zur Wahl anzutreten. (Sich wählen zu lassen, das nennt man passives Wahlrecht – zu wählen heißt aktives Wahlrecht.) Natürlich gibt es bestimmte Verfahren, um die Ernsthaftigkeit einer Kandidatur zu prüfen, bevor sie auf dem Stimmzettel steht. Aber wer dieses Verfahren erfolgreich durchläuft, also zum Beispiel eine bestimmte Anzahl von Unterstützer-Unterschriften zusammenbekommt, der muss auch zur Wahl zugelassen werden. Bei jeder Wahl schaffen das ein paar Exoten, die dann das Land, wenn nicht die Welt, etwa dadurch verbessern wollen, dass sie sich durch Meditation in die Lüfte erheben wie die »Yogischen Flieger«. Oder die, des Spaßes wegen, »Arbeitslosigkeit für alle« fordern wie die »Anarchistische Pogo-Partei«.

Geheim, gleich, unmittelbar

»Gleiche Wahl« – das bedeutet: Jede Stimme ist gleich viel wert. Das war durchaus nicht immer selbstverständlich, es gab Zeiten und es gibt Länder, wo die Stimme eines Großgrundbesitzers oder eines sonst wie Vermögenden durchaus schwerer wog als die eines Tagelöhners. Und geheim schließlich – geheim sind die Wahlen, damit jeder seinem Gewissen und seiner Überzeugung folgen kann, ohne Repressalien fürchten zu müssen, und sei es nur die, in einem bayerischen Dorf als SPD-Wähler nicht mehr am Stammtisch der CSU-Mehrheit sitzen zu dürfen. Dazu gehört übrigens auch das Recht, nicht zur Wahl zu gehen – die so genannte »negative Freiheit der Wahl«. Und tatsächlich haben alle Parlamente mit zurückgehender Wahlbeteiligung zu kämpfen.

Niemand muss sagen, ob und wen er gewählt hat, und niemand darf ihn dazu zwingen. Das stellt übrigens die Meinungsforschungsinstitute vor nicht unerhebliche Probleme, die an Wahltagen ja schon um Punkt 18 Uhr mit einer »Prognose« herauskommen, obwohl zu diesem Zeitpunkt gerade mal die Urnen geöffnet werden: Sie müssen Leute finden, die freiwillig bereit sind zu sagen, was sie gewählt haben. Dass ihnen das ganz gut gelingt, zeigen ebenjene Prognosen, die das spätere Endergebnis meistens erstaunlich genau voraussagen.

Die Freiheit des Volksvertreters

Ein wichtiger Artikel in dem Abschnitt über den Bundestag und seine Abgeordneten ist der mit der Nummer 46. Er regelt »Indemnität und Immunität« der Volksvertreter. Indemnität bedeutet: Was der Abgeordnete im Bundestag macht, was er sagt, wie er abstimmt, das darf ihm außerhalb des Bundestags nicht zur Last gelegt werden. Man könnte sich zum Beispiel vorstellen, dass ein Beamter Abgeordneter wird. Er stimmt im Bundestag für ein Gesetz. Dieses Gesetz passt aber seinem früheren Chef nicht – sagen wir, der Beamte arbeitete in einer Kommune und das Gesetz würde die Sozialhilfekosten der Stadt enorm steigen lassen. Auf keinen Fall darf der frühere Chef nun ein Disziplinarverfahren gegen den Beamten einleiten, ihn degradieren oder sonst etwas tun, was ihm schadet.

Immunität hingegen betrifft alles, was der Abgeordnete außerhalb des Bundestags unternimmt. Weil die Abgeordneten ja auch nur Menschen sind, tun sie in ihrer Freizeit auch mal etwas, was sie nicht tun dürften: Fahren zu schnell oder betrunken mit dem Auto, werden in eine Schlägerei verwickelt. Es wurden auch schon Mandatsträger als Ladendiebe erwischt, von den schlimmeren Dingen wie Korruption, also Bestechlichkeit ganz zu schweigen. Dann können Polizei und Staatsanwalt nicht, wie bei jedem anderen Bürger, hingehen und den Mann oder die Frau verhaften. Sie müssen zunächst beim Bundestagspräsidenten einen Antrag auf Aufhebung der Immunität stellen, über den der Bundestag beschließen muss. Der Grund dafür liegt in den Erfahrungen der Nazi-Diktatur: Zu viele oppositionelle Abgeordnete wurden unter zwielichtigen Vorwürfen ins Gefängnis oder Konzentrationslager geworfen. Und: Bei knappen Mehrheiten wäre es ein Einfaches, einen politischen Gegner kurz vor einer Abstimmung anzuschwärzen, so dass er für ein paar Tage aus dem Verkehr gezogen wird, bis die Abstimmung vorbei ist.

Gelegentliche Überhänge

Eine kurze Abkehr von der Chronologie des Grundgesetzes, aber an dieser Stelle passt es gerade: Warum sitzt nach jeder Wahl eine andere Anzahl von Abgeordneten im Bundestag? Hat er nicht eine feste Zahl von Sitzen, die immer gleich bleibt? Im Prinzip schon – der Bundestag besteht aus 598 Abgeordneten. Eigentlich. Dass es immer ein paar mehr sind, das liegt an den Feinheiten des bundesdeutschen Wahlsystems.

Jeder Wähler hat zwei Stimmen. Mit der so genannten Erststimme wählt er einen »Direktkandidaten«. Den haben die Parteien für den jeweiligen Wahlbezirk aufgestellt, so dass etwa Kandidaten von CDU, SPD, FDP und Grünen gegeneinander antreten. (Die kleineren Parteien verzichten wegen Aussichtslosigkeit oft auf Direktkandidaten.) Nun geht es wie bei der Klassensprecherwahl: Wer die meisten Stimmen hat, der ist gewählt, die anderen bleiben zu Hause. Bis hierhin ist es noch einfach.

Der Wähler hat aber auch noch eine Zweitstimme. Mit der wählt er keinen Kandidaten, sondern eine Liste – meistens also eine Partei. Bei dieser Zweitstimme geht es nicht um Hopp oder Topp, gewinnen oder verlieren. Hier zählt am Ende das Verhältnis der Stimmen zueinander, die für die Parteien jeweils abgegeben wurden. Wenn also am Wahlabend der Fernsehmoderator »die nächste Hochrechnung« ankündigt und dann dieser Partei soundso viel Prozent zuspricht, jener soundso viel und der dritten soundso viel – dann spricht er von den Zweitstimmen. Die sollten eigentlich Erststimmen heißen, denn nach ihnen berechnet sich die Zusammensetzung des Bundestags: Die Zweitstimme ist die entscheidende.

Also: Angenommen, Partei A hat 40 Prozent der Zweitstimmen erhalten, Partei B 30 Prozent und Partei C ebenfalls 30. Ihre Plätze im Bundestag sicher haben die gewählten Direktkandidaten. Wenn noch Plätze übrig sind, werden sie in der Reihenfolge vergeben, in der die Kandidaten auf der Liste für die Zweitstimme aufgeführt sind. Es kommt jedoch auch der umgekehrte Fall vor: Dass eine Partei sehr viele Direktmandate gewonnen hat, mehr, als ihr nach dem Verhältnis der Zweitstimmen zustünden. Dann fallen diese Mandate nicht unter den Tisch – die Kandidaten bekommen trotzdem ihren Sitz im Bundestag, als so genanntes Überhangmandat. Und deshalb sitzen immer mehr Abgeordnete im Parlament als die 598, die eigentlich gesetzlich bestimmt sind – 614 sind es seit September 2005.

Hier werden Sie regiert

Zurück zum Abschnitt II des Grundgesetzes. Wir überspringen zunächst die Abschnitte über den Bundesrat und den Bundespräsidenten – die Bundesregierung passt besser hierhin. So, wie die letzten Bundestagswahlkämpfe gelaufen sind, mit Fernsehduellen der Kandidaten, Zuspitzung der Berichterstattung auf die Spitzenpolitiker, Konzentration der Angriffe des jeweiligen Gegners, muss man es geradeheraus und deutlich sagen: Bei der Bundestagswahl wird nicht der Bundeskanzler gewählt. Sondern, Artikel 63: »Der Bundeskanzler wird auf Vorschlag des Bundespräsidenten vom Bundestage (...) gewählt.« Das Volk wählt das Parlament der Bundesrepublik Deutschland, den Bundestag. Und der Bundestag wählt den Kanzler. Bei der vergangenen Bundestagswahl 2005, die ja am Ende auf die große Koalition hinauslief, wäre es also durchaus auch möglich gewesen – und einige Kommentatoren sahen das schon kommen –, dass die CDU Angela Merkel, ihre Kanzlerkandidatin, fallen lässt und einen anderen möglichen Kanzler präsentiert. Dann hätte der Bundestag ihn gewählt, wenn er eine Mehrheit zusammenbekommen hätte, und das Volk wäre nicht mehr gefragt worden.

Der Bundeskanzler stellt sich seine Mannschaft zusammen, der Bundespräsident ernennt diese zu Ministern. Nun kann die Arbeit beginnen. Jeder Minister leitet seinen Bereich »selbständig und unter eigener Verantwortung«. Nur wenn es Streit gibt, dann hat der Kanzler das letzte Wort; das nennt man »Richtlinienkompetenz«. Zu ihr gehört daneben noch das Recht des Kanzlers, bestimmte, wichtige Bereiche der Politik an sich zu ziehen und sie zur »Chefsache« zu machen.

Das konstruktive Misstrauensvotum

Wann hört der Bundeskanzler auf, Bundeskanzler zu sein? Wenn er abgewählt wird natürlich. Daneben gibt es zwei weitere Instrumente, durch die der Regierungschef sein Amt verlieren kann; sie stehen in den Artikeln 67 und 68. Zum einen kann die Opposition sagen: Wir wollen diesen Kanzler nicht mehr, und wir glauben nicht, dass er noch eine Mehrheit im Parlament hat. Dann muss sie aber einen eigenen Kandidaten präsentieren und den Bundestag über ihn abstimmen lassen. Das heißt »konstruktives Misstrauensvotum«. Konstruktiv deshalb, weil die Unzufriedenen eben nicht den Kanzler abwählen können und sich um den Rest nicht mehr kümmern müssen, sondern, weil sofort ein neuer Kanzler da ist, der die Geschäfte übernimmt. Auch etwas, das die Bundesrepublik aus der Weimarer Republik gelernt hat; da schlingerte der Staat oft genug führungslos dahin, weil die Kanzler »einfach so« entlassen werden konnten. In der Bundesrepublik gab es bislang zweimal ein Misstrauensvotum: 1972 scheiterte Rainer Barzel von der CDU mit seinem Versuch, Willy Brandt abzulösen, ein Sieg für die SPD, bei dem Korruption im Spiel war, wie die Beteiligten später zugaben. Und 1982 löste Helmut Kohl durch ein Misstrauensvotum Helmut Schmidt ab; die Regierung aus CDU/CSU und FDP hielt 16 Jahre lang, so lange wie noch keine vorher.

Die Vertrauensfrage

Die zweite Möglichkeit, eine amtierende Regierung aus dem Amt zu jagen, gibt der Kanzler dem Parlament selbst. Wenn er das Gefühl hat, er komme mit seiner Politik nicht mehr durch, das Parlament oder zumindest seine Fraktion stehe nicht mehr hinter ihm, dann kann er nach Artikel 68 die so genannte Vertrauensfrage stellen: Wollt ihr mich eigentlich noch haben? Findet er keine Mehrheit, löst der Bundespräsident den Bundestag auf; es gibt Neuwahlen. Gelegentlich ist das natürlich auch ein taktischer Zug des Kanzlers, um seine Mannschaft wieder hinter sich zu bringen. Manchmal jedoch, genauer gesagt: zweimal in der Geschichte der Bundesrepublik wurde das Instrument der Vertrauensfrage, na ja: missbraucht.

Missbraucht nicht im juristischen Sinne, denn in beiden Fällen stellte das Bundesverfassungsgericht fest, dass das Vorgehen rechtens war. 1982 also hatte Helmut Kohl den Kanzler Helmut Schmidt über ein konstruktives Misstrauensvotum abgelöst. Die Mehrheit seiner Regierung im Parlament war jedoch recht klein, zu klein und zu unsicher zum Regieren, aber eine Mehrheit war es. So stellte Kohl die Vertrauensfrage, verlor sie sozusagen absichtlich, um zu Neuwahlen zu kommen, die er dann auch mit einer tragfähigen Mehrheit gewann.

Der zweite Fall war noch kurioser: Im Mai 2005 verlor die SPD die Landtagswahl in Nordrhein-Westfalen – ein recht deutliches Zeichen dafür, dass die Menschen die rot-grüne Bundesregierung unter Gerhard Schröder (SPD) und Joschka Fischer (Grüne) nicht mehr haben wollten. Noch am Wahlabend gab der damalige SPD-Vorsitzende Franz Müntefering bekannt, dass seine Partei nun Neuwahlen zum Bundestag anstrebe, gerade mal zwei Jahre nach den vorangegangenen. Neuwahlen – das ging aber nur über eine verlorene Vertrauensfrage Schröders, denn eine Selbstauflösung des Bundestags sieht das Grundgesetz nicht vor. In den folgenden Wochen und Monaten kam es zu einem regelrechten Eiertanz, vor allem in der SPD, die erklären musste, dass sie zwar einerseits Gerhard Schröder das Vertrauen entziehen wolle, andererseits aber wieder mit ihm als Kanzlerkandidat in den Wahlkampf ziehen wolle. Der Bundespräsident zierte sich ein wenig, aber erlaubte das Vorgehen schließlich, auch das Bundesverfassungsgericht hatte nichts dagegen, und so wurde Gerhard Schröder wunschgemäß das Vertrauen entzogen – und nach den Wahlen wurde Angela Merkel Kanzlerin.

Der Kopf und die Organe

Bundestag, Bundesregierung: Das sind zwei der fünf »obersten Staatsorgane«. Drei fehlen noch. Gegenpart zum Parlament ist der Bundesrat, die Vertretung der Länder. Seine Mitglieder werden nicht gewählt, die Regierungen der Länder entsenden sie dorthin. Jedes

Land hat mindestens drei Stimmen, solche mit mehr als zwei Millionen Einwohnern haben vier, bei mehr als sechs Millionen gibt es fünf Stimmen und sechs, wenn das Land mehr als sieben Millionen Einwohner hat. Allerdings kann nicht jeder Stimmberechtigte abstimmen, wie es ihm gefällt – jedes Land gibt seine Stimmen en bloc ab. Das kann zu Problemen führen – etwa, wenn im Bund eine Koalition regiert, deren Partner in den Ländern mit anderen Parteien Bündnisse eingegangen sind. Das wird dann so geregelt, dass diese Länder sich bei Abstimmungen der Stimme enthalten. Der Bundesrat wählt seinen Präsidenten auf ein Jahr, traditionell übernimmt ein Ministerpräsident das Amt, und ein Rotationsverfahren stellt sicher, dass jeder an die Reihe kommt.

Die Macht der Länder

Ist das eigentlich notwendig – eine zweite Kammer neben dem Bundestag? Welche Befugnisse der Bundesrat hat, davon werden wir später sprechen, wenn es um das Gesetzgebungsverfahren geht. In den letzten Jahren hat die Länderkammer jedoch noch andere Aufgaben übernommen, zumal, wenn in den Ländern andere Mehrheitsverhältnisse herrschten als im Bund. Um das zu verstehen, müssen wir noch einmal auf die Gewaltenteilung zurückkommen: Das Parlament, das Gesetze beschließt und die Regierung kontrolliert, die Bundesregierung, die die Gesetze ausführt, und die Rechtsprechung. Die Staatsform der Bundesrepublik ist eine parlamentarische Republik, das heißt: Die Regierung wird vom Parlament gewählt, anders als zum Beispiel in den USA, wo das Volk zum einen den Regierungschef, also den Präsidenten wählt, zum anderen, und völlig unabhängig davon, das Parlament, die beiden Kammern des Kongresses. Was bedeutet es, dass die Regierung im Parlament immer eine Mehrheit hat (bzw. es ein Grund ist zurückzutreten, wenn die Mehrheit flöten geht)? Es bedeutet, dass der zu Kontrollierende sich selbst kontrollieren soll, dass also die Bundestagsfraktion einer Regierungspartei der Politik ihrer eigenen Regierung plötzlich kritisch gegenüberstehen soll – das kann nicht funktionieren. In dieser Situation übernimmt mehr und mehr der Bundesrat die Funktion der parlamentarischen Kontrolle. Und dass Gerhard Schröder im Mai 2005 Neuwahlen ankündigte, hatte auch damit zu tun, dass nach der verlorenen Wahl in Nordrhein-Westfalen die Bundesrats-Mehrheit gegen ihn noch drückender geworden war, er es also noch schwerer gehabt hätte, seine Ideen durchzusetzen. Dass die Opposition, wenn sie im Bundesrat die Oberhand hat, diese oft genug auch benutzt, um die Politik des Kanzlers und seiner Regierung zu stören, dass also weniger Kontroll-Pflichten als vielmehr parteipolitische Interessen dahinter zu finden sind – das steht auf einem anderen Blatt.

Der erste Mann im Staat

Wie Gesetze gebastelt werden, darüber wird am Ende diese Kapitels zu lesen sein. Wenn ein Gesetz aber die parlamentarische Mühle durchlaufen hat, wenn der Bundestag es beschlossen und der Bundesrat zugestimmt hat – dann wartet es darauf, dass ein Mann seine Unterschrift daruntersetzt, erst dann ist es gültig. Dieser Mann ist seltener im Fernsehen als der Kanzler. Dennoch ist der Bundespräsident – formal – der erste Mann im Land, er ist das Staatsoberhaupt. Dass er im Normalfall, also wenn alles glatt läuft, wenig zu sagen hat – wieder eine Folge von Weimar: Dort war der

Reichspräsident mit umfangreichen Vollmachten ausgestattet, es gab nicht einmal so etwas wie ein Verfassungsgericht, das hätte überprüfen können, ob die Entscheidungen des Präsidenten mit der Verfassung übereinstimmen. Versagt hat der Reichspräsident von Hindenburg, als er 1933 Adolf Hitler zum Reichskanzler ernannte. Jeder konnte sehen und hören, was der Führer der NSDAP vorhatte, er sagte es ja oft und laut genug: die Republik zerstören, eine Diktatur errichten. Aus dieser Erfahrung heraus sollte der Bundespräsident in die alltägliche Politik nicht eingreifen, er sollte repräsentieren und schön Guten Tag sagen, wenn fremde Könige zu Besuch kamen. Allerdings hatten die Präsidenten der Bundesrepublik auch immer wieder schwierige Situationen zu bewältigen, etwa bei den beiden schon erwähnten »getürkten« Vertrauensfragen von Helmut Kohl 1982 und von Gerhard Schröder 2005: Karl Carstens damals und Horst Köhler vor kurzem mussten abwägen, ob das, was der Bundestag da gemacht hatte, verfassungsgemäß war, ob sie also dem Ansinnen nachkommen durften, das Parlament aufzulösen. In beiden Fällen haben sie sich dafür entschieden, aber das heißt ja nicht, dass sie nicht ernsthaft darüber nachgedacht hätten.

Doch neben ihrer faktischen Wirkungslosigkeit haben sich die Bundespräsidenten stets Gelegenheit verschafft, ihre Meinung zu sagen, nicht zur Tagespolitik, sondern zum Zustand des Landes insgesamt. Gustav Heinemann, Präsident von 1969 bis 1974, antwortete auf die Frage, ob er das Land liebe: »Ich liebe nicht den Staat, ich liebe meine Frau.« Das war mutig in jenen Tagen, als das Land noch nicht wusste, wo es hinsollte mit dem Patriotismus, der für alle Zeiten diskreditiert schien durch den Deutsch-Wahnsinn der

Nazis. Wegen dieses Satzes gilt Heinemann als Erfinder des Begriffs vom »Verfassungspatriotismus« – nicht das Land solle geliebt werden, sondern seine Demokratie. (In Wirklichkeit stammt das Wort allerdings von dem Politologen Dolf Sternberger. Durch Heinemann kam es nur ins öffentliche Bewusstsein.) Bundespräsident Richard von Weizsäcker hielt 1985, zum 40. Jahrestag des Kriegsendes, eine viel beachtete Rede, in der er sich mit der Schuld der Deutschen auseinander setzte: Der 8. Mai 1945 war ein Tag der Niederlage und gleichzeitig ein Tag der Befreiung, das war Weizsäckers Kernsatz. Und Roman Herzog, der Vorvorgänger des derzeitigen Amtsinhabers Horst Köhler, erfand die »Ruck-Rede«, zu der er im Jahr 1997 eine Menge Leute nach Berlin eingeladen hatte, um ihnen mitzuteilen, ein ebensolcher Ruck müsse durch das Land gehen, damit es wieder vorankomme.

Der Bundespräsident wird für fünf Jahre gewählt und kann höchstens zwei solcher Perioden im Amt bleiben. Der Kandidat muss mindestens 40 Jahre alt sein. Gewählt wird er von der Bundesversammlung, die nur zu diesem Zweck zusammentritt. Sie besteht aus den Abgeordneten des Bundestags und noch einmal genauso vielen Mitgliedern, die die Länderparlamente entsenden, darunter auch »normale« Bürger. Neben den Spitzenpolitikern der Länder gefallen sich die Parteien seit einiger Zeit darin, Prominente für sich zu gewinnen und zur Bundespräsidenten-Wahl zu schicken – der Schauspieler Ottfried Fischer, »Gold-Rosi« Mittermaier, Karl-Heinz Rummenigge, der Porsche-Chef Wendelin Wiedeking und Gloria von Thurn und Taxis durften so neben anderen mitwirken bei der Kür des Staatsoberhaupts.

Die Gesetzgebung

Wir basteln uns ein Gesetz

Nun haben wir die vier zusammen, die es – zunächst – braucht, wenn ein Gesetz entstehen soll: Bundesregierung, Bundestag, Bundesrat, Bundespräsident. Den Gesetzentwurf einbringen kann die Regierung, der Bundesrat oder auch Mitglieder des Bundestags. Dabei gibt es die so genannte »ausschließliche Gesetzgebung« – das ist alles, wofür alleine der Bund zuständig ist, wie die Außenpolitik, die Verteidigung, das Passwesen und die Währung. In anderen Bereichen führen Entscheidungen zu Konsequenzen für die Länder; deshalb dürfen sie hier über den Bundesrat mitreden. Das sind etwa die Krankenhäuser, der Straßenverkehr, die Abfallbeseitigung oder der Strafvollzug. Zunächst einmal verläuft jedoch der Weg parallel: Die meisten Gesetzentwürfe werden von der Bundesregierung vorgelegt. Zuvor haben Beamte im jeweils zuständigen Ministerium den Entwurf vorbereitet und ausgearbeitet. Das Kabinett, also die Runde aller Minister unter Vorsitz des Bundeskanzlers, berät über den Entwurf. Wenn er gebilligt wird, geht er an den Bundesrat, der dazu Stellung nimmt und, wenn er will, Änderungsvorschläge macht. Zurück an die Regierung, die berät noch mal darüber, sagt eventuell etwas zu den Änderungswünschen der Länder. Dann geht alles ins Plenum des Bundestags zu drei »Lesungen«. Das heißt: In drei Sitzungen debattiert das Parlament und stimmt ab über den Entwurf. Wenn er durchgeht – normalerweise mit einfacher Mehrheit, nur bei bestimmten Gesetzen, etwa Änderungen des Grundgesetzes, ist eine Zweidrittelmehrheit erforderlich –, bekommt der Bundesrat noch einmal die ganze

Angelegenheit. Und nun geht es darum, ob die Vorlage zu den zustimmungspflichtigen Gesetzen gehört, also zu jenen, bei denen die Länder mitreden dürfen, oder nicht. Bei zustimmungspflichtigen Gesetzen gilt: Wenn der Bundesrat das Gesetz ablehnt, ist es gescheitert und die Regierung muss von vorne beginnen. Bei den nicht zustimmungspflichtigen Gesetzen hat der Bundesrat das Recht, den Vermittlungsausschuss anzurufen. Das ist ein Kreis von Bundestags- und Bundesratsmitgliedern, die versuchen, einen Kompromiss zu finden und die Streitpunkte auszuräumen. Wenn das gelingt, durchläuft das Gesetz, grob gesagt, die ganze Prozedur noch einmal, um am Ende doch noch beschlossen werden zu können.

In diesem Fall (wie in den beiden anderen, in dem es von vornherein keine Probleme gibt, wo also der Bundesrat von Anfang an keine Einwände hat) kommt das nunmehr beschlossene Gesetz zum Bundespräsidenten. Der unterzeichnet es und sorgt dafür, dass der Text im Bundesgesetzblatt veröffentlicht wird. Erst dann ist das Gesetz gültig, das heißt in Kraft.

So geht das nicht

Halt! Vielleicht ja doch noch nicht? Es könnte ja sein, dass jemand findet, das ganze Gesetz sei nicht mit der Verfassung zu vereinbaren? Wer kontrolliert das überhaupt? Was, wenn sich Bund und Länder zusammentun und etwas aushecken, das die Grundrechte beschneidet? Gibt es eine Instanz, die denen dann in den Arm fällt und sagt: So geht das aber nicht? Gibt es. In Karlsruhe sitzt das Bundesverfassungsgericht und wacht darüber, dass alles, was in Deutschland Gesetz wird, nicht mit dem Grundgesetz kollidiert. Die Sonderstellung des Verfassungsgerichts zeigt sich unter anderem darin, dass die Richter dort niemandem unterstellt sind, also quasi keinen Chef haben – zwar kann auch »normalen« Richtern niemand vorschreiben, wie sie zu urteilen haben, aber für alle internen Vorgänge haben sie natürlich einen Vorgesetzten, ihren Gerichtspräsidenten. Das Bundesverfassungsgericht wird auch nicht, wie Amts-, Land-, Oberlandesgerichte, vom Justizministerium finanziert; es hat einen eigenen Etatposten im Bundeshaushalt und ist in dieser Hinsicht ebenfalls unabhängig von allen Zumutungen der Exekutive.

Was macht das Bundesverfassungsgericht? Es wird bei fünf Anlässen tätig: bei Verfassungsbeschwerden, in Normenkontrollverfahren, bei Organstreitigkeiten, bei Bund-Länder-Streitigkeiten und wenn es darum geht, eine Partei zu verbieten.

Verfassungsbeschwerden sind jedermann möglich. Wenn jemand glaubt, in seinen Grundrechten verletzt worden zu sein, dann kann er Verfassungsbeschwerde erheben, meistens jedoch erst, wenn der normale Rechtsweg ausgeschöpft ist, wenn er also vor gewöhnlichen Gerichten bereits geklagt, aber verloren hat: Ein Urteil ist ergangen auf der Grundlage eines Gesetzes – der Unterlegene will nun wissen, ob dieses Gesetz verfassungsgemäß ist und, wenn ja, ob es auch richtig angewendet wurde.

Um eine solche Überprüfung geht es auch beim Normenkontrollverfahren, mit dem Unterschied, dass dieses nur von der Bundesregierung beantragt werden kann, von den Landesregierungen oder von einem Drittel der Mitglieder des Bundestags. Und dann gibt es noch die so genannte Richtervorlage: Wenn ein Richter bei der Verhandlung eines Falls auf ein Gesetz stößt, das in dieser Verhandlung eine Rolle spielt und das er für verfassungswidrig hält, dann muss er das Verfahren aussetzen und das Gesetz dem Verfassungsgericht zur Entscheidung vorlegen. Dies geschah etwa 1976 am Landgericht Verden an der Aller: Aus Anlass eines Mordprozesses warf das Gericht die Frage auf, ob die verpflichtende lebenslange Haft bei einer Verurteilung wegen Mordes nicht gegen den Artikel 1 des Grundgesetzes verstoße, »Die Würde des Menschen ist unantastbar«. Denn gleich neben dem Mord-Paragraphen 211 des Strafgesetzbuches stehe der Totschlag-Paragraph; dort habe das Gericht die Möglichkeit, je nach Schwere der Tat zwischen fünf und 15 Jahre Haft zu verhängen. In der Praxis sei aber der Unterschied manchmal sehr klein zwischen Mord und Totschlag. Das Verfassungsgericht urteilte ein Jahr später: Das sei schon in Ordnung, nämlich dann, wenn man die Kriterien für Mord sehr eng nehme und in Grenzfällen auf Totschlag entscheide. (Genaueres dazu im Kapitel »Strafrecht«.)

Organstreitigkeiten beschäftigen das Verfassungsgericht, wenn sich die obersten Staatsorgane nicht einig sind in der Auslegung des Grundgesetzes, also Bundesregierung, Bundespräsident, Bundestag, Bundesrat. Antragsberechtigt sind allerdings auch »Teile« des jeweiligen Organs – also zum Beispiel einzelne Fraktionen des Bundestags.

Bund-Länder-Streitigkeiten erklärt sich von selbst – antragsberechtigt: Bundesregierung und Landesregierungen. Und schließlich steht in Artikel 21 des Grundgesetzes: »Parteien, die nach ihren Zielen oder nach dem Verhalten ihrer Anhänger darauf ausgehen, die freiheitliche demokratische Grundordnung zu beeinträchtigen oder zu beseitigen (...), sind verfassungswidrig. Über die Frage der Verfassungswidrigkeit entscheidet das Bundesverfassungsgericht«, und wird, wenn es die Frage bejaht, die Partei verbieten. Seit Bestehen der Bundesrepublik geschah das erst zweimal: 1952 mit der Sozialistischen Reichspartei, einer Nachfolgeorganisation der NSDAP, und im Jahr 1956 mit der Kommunistischen Partei Deutschlands. Ein Verfahren gegen die Freiheitliche Deutsche Arbeiterpartei kam nicht zustande, weil das Verfassungsgericht entschied: Das ist gar keine Partei. Im Jahr 2001 beantragte die Bundesregierung, die rechtsextremistische NPD zu verbieten. Das Verfahren wurde zwei Jahre später eingestellt – aus einem kuriosen Grund: Landesverbände der Partei waren von V-Leuten des Verfassungsschutzes unterwandert. Dadurch, so meinte das Gericht, könne nicht mehr geklärt werden, was denn wirklich der Standpunkt der Partei sei – und in welchem Umfang die Verfassungsschutz-Leute darauf Einfluss genommen hätten.

Am 6. Juni 1971 erschien das Hamburger Magazin ›Stern‹ mit einem merkwürdigen Titel: 25 Fotos von zum Teil recht prominenten Frauen, die Schauspielerinnen Romy Schneider und Senta Berger etwa. Quer über die Fotos lief ein Schriftzug: »Wir haben abgetrieben!« Im Inneren des Heftes bekannten insgesamt 374 Frauen, dass sie sich einer »rechtswidrigen vorsätzlichen Abtötung der Leibesfrucht im Mutterleib« strafbar gemacht hatten, Strafandrohung: Gefängnis bis zu fünf Jahren. (Manche davon gaben allerdings Jahre später zu, doch nie abgetrieben zu haben – sie hätten nur mitgemacht, weil sie das Thema gut fanden.) Es entwickelte sich eine aufgeregte Debatte darüber, ob der Paragraph 218 des Strafgesetzbuches, in dem Abtreibung unter Strafe gestellt wurde, nicht endlich aufgehoben werden müsse: Immer schon hätten Frauen Mittel und Wege gefunden, ungewollte Kinder nicht zur Welt bringen zu müssen. Und weil das in Deutschland nicht erlaubt ist, fuhren sie über die Grenze nach Holland oder legten sich bei einer »Engelmacherin« auf den Küchentisch, Frauen ohne medizinische Ausbildung, die den Eingriff mit primitivsten Mitteln durchführten, oftmals mit entsetzlichen gesundheitlichen Folgen. Tatsächlich reagierte die damalige sozialliberale Bundesregierung und erfand die so genannte Fristenlösung: In den ersten drei Monaten der Schwangerschaft durfte ein Arzt straffrei die Abtreibung vornehmen. Aber das Bundesverfassungsgericht sagte da: »Das sich im Mutterleib entwickelnde Leben steht als selbständiges Rechtsgut unter dem Schutz der Verfassung auch unter Art. 2 Abs. 2 und Art. 1 Abs. 1 GG, und hat auch Vorrang vor dem Selbstbestimmungsrecht der Frau.« Einfach so eine Drei-Monats-Frist zu setzen, das gehe nicht. Vielmehr schlug das Gericht die Indikations-Lösung vor: Wenn etwa die Frau durch die Schwangerschaft in ernsthafte gesundheitliche Gefahr gerate, dann dürfe sie abtreiben. So trat das Gesetz in Kraft, 1976.

1990, nach der Wiedervereinigung, gab es damit ein Problem – denn in der DDR hatte eine Fristenlösung gegolten, die beiden Rechtslagen mussten angeglichen werden. Heraus kam nun ein Gesetz, das die Abtreibung in den ersten drei Monaten straffrei lässt, wenn die Frau vorher beraten wurde über Angebote, die ihr eventuell helfen würden, das Kind doch zu bekommen. Nun hatte auch das Verfassungsgericht nichts mehr dagegen.

Das ist ein schönes Beispiel dafür, wie sich Rechtsnormen und Rechtsverständnis im Lauf der Zeit ändern – und dass ein einziger Zeitschriftentitel Anstoß dafür sein kann. Allerdings zeigt es auch, dass die Mühlen des Rechts sehr langsam mahlen: Es dauerte bis 1995, bis die Regelung endgültig war; mehrmals hatte sich auch das Bundesverfassungsgericht damit beschäftigt, um schließlich doch zu dem Schluss zu kommen: Mit der Fristenlösung plus Beratung, das geht. 24 Jahre nach dem Stern-Titel waren Rechtswirklichkeit und Rechtsprechung zusammengekommen.

Stadt, Land, Bund

Ein Wort noch zu den Ländern und ihrer Stellung im Bund. Aus 16 Bundesländern besteht die Bundesrepublik seit der Wiedervereinigung: Bayern, Baden-Württemberg, Berlin, Brandenburg, Bremen, Hamburg, Hessen, Niedersachsen, Nordrhein-Westfalen, Mecklenburg-Vorpommern, Rheinland-Pfalz, Saarland, Sachsen, Sachsen-Anhalt, Schleswig-Holstein und Thüringen. Im Grundgesetz steht: »Die Länder haben das Recht der Gesetzgebung, soweit dieses Grundgesetz nicht dem Bund Gesetzgebungsbefugnisse verleiht.« So war das eigentlich auch gedacht; den alliierten Siegermächten, die bei der Formulierung des Grundgesetzes kräftig mitsprachen, gingen die Kompetenzen des Bundes sowieso immer noch zu weit – je stärker die föderalen Strukturen, so dachten sie, desto geringer ist die Gefahr eines neuen zentralistischen Staats; wenn die Länder genügend zu sagen haben, dann werden sie sich schon wehren, sollte jemand versuchen, ihre Rechte einzuschränken oder die ihrer Bürger. Und immerhin sind die Länder nicht einfach nur vergrößerte Landkreise, sie sind richtige kleine Staaten, können in bestimmten Fällen sogar völkerrechtliche Verträge mit Regierungen fremder Staaten schließen. Im Grunde sollten sie gleichberechtigt neben dem Gesamtstaat stehen, nur dass der größer ist und andere Aufgaben hat. Und nach dem oben zitierten Artikel 70 des Grundgesetzes sieht es ja sogar so aus, als hätten die Länder das Übergewicht, dem Bund bliebe nur, was dort nicht geregelt wird.

Doch die Wirklichkeit heute ist eine andere – das meiste wird vom Bund entschieden. Der Grund ist die Notwendigkeit, die »Einheitlichkeit der Lebensverhältnisse« im Bundesgebiet herzustellen. Das ist zum einen eine Verfassungsaufgabe, zum anderen unabdingbar: Man stelle sich nur vor, Bayern beschlösse plötzlich im Alleingang, ein eigenes Bürgerliches Gesetzbuch herauszubringen, in dem vieles ganz anders geregelt wäre als im BGB der Bundesrepublik: Verträge würden nicht mehr gelten, niemand wüsste mehr, was stimmt und was nicht, die Rechtssicherheit im Bundesgebiet wäre außer Kraft gesetzt, also die Sicherheit, dass das, was in Hamburg gilt, auch in München so ist. Straßenverkehr, Wirtschaft, Strafrecht – es ist schon sinnvoll, dass die wirklich wichtigen Dinge im Bund einheitlich geregelt sind. Und sogar dort, wo den Ländern ihr Rest vom Kuchen bleibt, im Polizei- und im Baurecht beispielsweise, da sind die Regelungen doch erstaunlich ähnlich.

Ausgeglichen wird dieser Einflussverlust der Länder durch die steigende Bedeutung des Bundesrats, ihrer Vertretung – eine neue Art der Gewaltenteilung, wie schon erwähnt. Denn die Trennung zwischen Regierung und Parlament funktioniert nicht, solange die Regierung im Parlament die Mehrheit hat. Aber eine politische Partei, die in der Bundesregierung die eine Meinung vertritt, kann eine ganz andere vertreten, wenn sie im Bundesrat als Mitglied einer Landesregierung spricht. Hinzu kommt, dass das Bundesverfassungsgericht die Zahl der zustimmungspflichtigen Gesetze enorm vergrößert hat, bei denen der Bundesrat sein Plazet geben muss. Und das kommt so:

Die Länder sind die Träger der Verwaltung – zum einen ihrer eigenen, also etwa im Baurecht, bei der Polizei, im Schulwesen. Zum anderen werden sie tätig bei der »Auftragsverwaltung«, also dort, wo sie Vorschriften des Bundes mit ihren Beamten umsetzen. Das ist zum Beispiel der Fall, wenn sich jemand einen Personalausweis ausstellen lässt: Das Passwesen ist eine Angelegenheit des Bundes, aber man muss dazu aufs Rathaus gehen und nicht aufs »Bundesamt für Personalausweis-Ausstellung«, ein solches gibt es nämlich gar nicht. Der Bund kann nun aber, wenn er den Ländern bestimmte Verwaltungsaufgaben überträgt, bestimmen, wie die Aufgabe erfüllt werden muss – wie zum Beispiel die jeweilige Behörde ausgestattet zu sein hat. Und da hat das Verfassungsgericht entschieden: Wenn ein Gesetz solche Vorschriften enthält, dann muss der Bundesrat zustimmen, auch wenn das Gesetz eigentlich in die ausschließliche Gesetzgebung des Bundes fällt. So stellt der Bundesrat heute den eigentlichen Widerpart zur Regierung dar, einen Widerpart, den der Idee nach eigentlich das Parlament hätte erfüllen sollen.

Gewalt geteilt durch drei

Gewaltenteilung – die beste Möglichkeit, Machtanhäufung und Machtmissbrauch zu verhindern. Die erste Idee dazu hatte gegen Ende des 17. Jahrhunderts der Engländer John Locke. Er sah als einer der ersten, dass der Mensch Rechte hat, die den Staat nichts angehen: das Recht auf Leben, auf Freiheit und auf Eigentum etwa. Dem Staat gesteht Locke nur die Möglichkeit zu, in Rechte einzugreifen, die zur Aufrechterhaltung der Ordnung nötig sind. Der Staat, das war seinerzeit natürlich noch der König. Wer aber sollte entscheiden, was der Staat, also der König, sich nehmen darf? Selbstverständlich nicht der König selbst: Ein Parlament musste her, in dem die Bürger entschieden, was sie abzugeben bereit sind. Allerdings waren für Locke manche Bürger gleicher als die anderen: Mitreden solle der Bürger »im Verhältnis seines Beitrags zur Öffentlichkeit«. Soll heißen: Wählen darf, wer wohlhabend ist.

Lockes Teilung in zwei Gewalten – Legislative und Exekutive – fügte der französische Baron Charles de Montesquieu gut 50 Jahre später eine dritte hinzu: Nun sollte auch die Rechtsprechung unabhängig sein – unabhängig zumindest von den Wünschen des Monarchen, nur dem Gesetz verpflichtet.

Da war der Boden bereitet für das, was noch einmal ein halbes Jahrhundert später in Frankreich seinen Lauf nahm: der Sturm auf die Bastille 1789, die Vertreibung des Königs, die Erklärung der Menschenrechte, der Versuch einer richtigen, wenn auch zunächst sehr idealistischen Vorstellung von Demokratie – mit der späteren blutigen Perversion der großen Idee unter dem Fallbeil der Guillotine. Montesquieu hätte da vielleicht an einen anderen Satz denken können, den er 1748 geschrieben hatte: »Leicht wäre der Beweis zu erbringen, dass sich in allen oder fast allen europäischen Ländern die Strafen in dem Maß verminderten oder vermehrten, in dem man der Freiheit näher oder ferner war.« Doch die Idee war in der Welt, die Idee von freien Menschen, die keine Untertanen waren, gegenüber niemandem, die ihre Angelegenheiten selbst regelten und die selbst bestimmten, welche ihrer Rechte sie an den Staat abtreten wollten, damit der seine Aufgabe erfüllen kann. 1776 schon hatte, auf der anderen Seite des Atlantik, Thomas Jefferson die Unabhängigkeitserklärung der Vereinigten Staaten von Amerika geschrieben, dort steht: »Wir halten diese Wahrheiten für selbstverständlich, dass alle Menschen gleich an Rechten geboren werden und von ihrem Schöpfer mit gewissen unveräußerlichen Rechten ausgestattet sind und dass dazu gehören das Leben, die Freiheit und das Streben nach Glück.«

Verfassungsgeschichte

Deutschland und seine Verfassung

Das Streben nach Glück als Menschenrecht – so weit gingen die Deutschen dann doch nicht. Überhaupt waren sie wieder einmal ein bisschen spät dran: Mit der Französischen Revolution hatten sie nichts zu tun. Als die vorbei war, wurden sie von Napoleon erobert; da war dann auch nichts mit Demokratie. Deutschland zu Beginn des 19. Jahrhunderts – das war ein unterentwickeltes Bauernland. Reformen waren notwendig, um mit den Nachbarstaaten ringsherum wirtschaftlich Schritt halten zu können. In Deutschland jedoch fand keine Revolution statt; die Reformen führten aufgeklärte Monarchen und liberale Beamte ein. Zunächst in Preußen: Gewerbefreiheit, Bodenfreiheit, Schulpflicht, Bauernbefreiung und etliches andere. Die Befreiung der Bauern war nicht nur eine Wohltat für sie – indem sie aus einer Quasi-Leibeigenschaft entlassen wurden entstand die Arbeiterschaft, die die aufstrebende Industrie so dringend brauchte.

Der Anstoß für die erste deutsche Verfassung kam aus Frankreich. Dort war der »Bürgerkönig« Louis-Philippe gestürzt worden, die Unruhen drohten nach Deutschland überzugreifen. Die zahlreichen deutschen Fürsten merkten, dass sie Zugeständnisse machen mussten – also trat am 18. Mai 1848 in der Frankfurter Paulskirche die deutsche Nationalversammlung zusammen, um über eine Verfassung zu beraten. Es stritten Republikaner, Liberale und konservative Monarchisten. Heraus kam etwas, was den Namen »konstitutionelle Monarchie« trägt und schon hier zeigt, wo auch weiterhin der Schwerpunkt liegt: bei der Monarchie, in ihrer Macht nicht kontrolliert, sondern nur etwas eingeschränkt durch ein Parlament. Dieses bestand zum Beispiel in Preußen aus zwei Kammern, die eine aus Mitgliedern der Monarchenfamilie und hohen Adeligen, die andere so gewählt, dass die vermögenden Leute die Mehrheit hatten. Und der König musste zu jedem Gesetz, das das Parlament verabschieden wollte, seine Zustimmung geben: »Die gesetzgebende Gewalt wird gemeinschaftlich durch den König und durch zwei Kammern ausgeübt. Die Übereinstimmung des Königs und beider Kammern ist zu jedem Gesetze erforderlich«, heißt es in der preußischen Verfassung.

Weimar und die Folgen

Das ging dann, mit einigem Hin und Her, mehr oder weniger so seinen Gang, bis 1918, bis der Erste Weltkrieg verloren war, bis der Kaiser abdanken musste und die Revolution in Deutschland begann. An deren Ende stand die Ausrufung der Republik durch den Sozialdemokraten Philipp Scheidemann. Und eine Republik brauchte natürlich eine Verfassung. Nach der

Stadt, in der sie am 31. Juli 1919 beschlossen wurde, wird diese die »Weimarer Verfassung« genannt. Dorthin hatte sich die Nationalversammlung zurückgezogen, weil in Berlin ein Putsch der Kommunisten drohte. Und diese Furcht vor dem Kommunismus machte sich auch in dem Verfassungsentwurf bemerkbar: Um einen vielleicht zukünftig drohenden »Parlamentsabsolutismus« zu verhindern, also eine ungehörige Mehrheit in der Nationalversammlung, bekam die neue Republik einen ausgesprochen starken Präsidenten, der vom Volk direkt gewählt wurde und zahlreiche Machtmöglichkeiten hatte. Ein sozialdemokratischer Abgeordneter bezeichnete das schon in Weimar als »Kaiserersatz«. Das – wie sich nachträglich herausstellte – verhängnisvollste Recht des Präsidenten war das Recht, im Falle eines Notstands sozusagen diktatorisch Grundrechte aufzuheben. Verhängnisvoll deshalb, weil 1925 der Generalfeldmarschall Paul von Hindenburg Reichspräsident geworden war, der die parlamentarische Demokratie beseitigen und die alten preußischen Eliten wieder an die Macht bringen wollte. Zunächst regierten Kanzler von seinen Gnaden ohne Parlament mit Notverordnungen. Als das nicht funktionierte, ernannte Hindenburg am 30. Januar 1933 Adolf Hitler zum Reichskanzler.

Jeder weiß, wohin das führte: in Terror und Diktatur, zu Konzentrationslagern und sechs Millionen ermordeter Juden, zu einem beispiellosen Verlust Deutschlands an Künstlern und Wissenschaftlern, zum Zweiten Weltkrieg mit 60 Millionen Toten und zerbombten Städten in ganz Europa, zu Leid, Hunger, Not unter Tätern wie unter Opfern, zur 40-jährigen Teilung Deutschlands schließlich. Und es führte dazu, dass Deutschland ein beschämtes Land war, als es –

wie Richard von Weizsäcker 1985 sagte – befreit und unterlegen zugleich war. Die Verfassung, nach der wir heute leben, heißt ja noch nicht einmal Verfassung, sondern Grundgesetz. Der Grund dafür liegt in ihrer Entstehung und in den Spannungen, die sich schon in dieser Zeit zwischen den Alliierten, also Amerika, England, Frankreich einerseits und der UdSSR andererseits aufbauten.

Versammelt euch mal!

1948 erhielten die elf Ministerpräsidenten der westdeutschen Länder von den drei Militärgouverneuren der Sieger ein Papier mit der Aufforderung, eine verfassungsgebende Versammlung einzuberufen. Vorgaben: Demokratie, stark föderalistisch, Menschenrechte garantiert. Wenn das erfüllt sei, würden die Sieger ihre Zustimmung geben. Das war für die deutschen Politiker ein Problem: Natürlich wäre es gut gewesen, über eine Verfassung zumindest einen Teil der staatlichen Souveränität zurückzugewinnen. Aber andererseits – eine Verfassung, also eine Staatsgründung, nur für den westlichen Teil Deutschlands? Würde das die Teilung nicht auf unabsehbare Zeit zementieren? Deshalb beschlossen sie, eine Verfassung zu beschließen, die keine Verfassung war. Die Versammlung, die sie ausarbeitete, sollte nicht vom Volk gewählt sein, und sie sollte nicht in einer Volksabstimmung bestätigt werden. Die Länderparlamente sollten Vertreter in den Parlamentarischen Rat entsenden, die Länder sollten später entscheiden, ob sie dem Grundgesetz beitreten wollten.

65 Menschen wurden gewählt, 27 von CDU/CSU, 27 von der SPD, fünf von der FDP und je zwei von der Deutschen Partei, dem Zentrum und der KPD. Sie tra-

fen sich vom 10. bis zum 23. August 1948 auf der Insel Herrenchiemsee zum Verfassungskonvent: Mit Experten arbeitete der Parlamentarische Rat das meiste von dem aus, was heute noch im Grundgesetz steht. Vom 1. September an wurde in Bonn verhandelt, acht Monate lang. Am 8. Mai 1949 – auf den Tag genau vier Jahre nach Kriegsende – trat der Parlamentarische Rat zur Schlussabstimmung zusammen. Am 4. Mai stimmten die Alliierten zu, vom 18. bis 21. Mai die Länderparlamente, nur Bayern war dagegen: Dort fand man den Föderalismus nicht stark genug ausgeprägt. Allerdings wollte Bayern das Grundgesetz akzeptieren, wenn zwei Drittel der Länder zustimmen sollten. So geschah es. Am 23. Mai 1949 wurde das Grundgesetz verkündet, am 24. trat es in Kraft, und am 14. August wurde der erste Bundestag der Bundesrepublik Deutschland gewählt. Die Bundesrepublik ist seitdem mit dem Provisorium ihrer Verfassung gut gefahren – sie ermöglichte die neue Ostpolitik der Regierung Brandt Anfang der 70er Jahre (»Wandel durch Annäherung«), sie überstand die Herausforderung des RAF-Terrorismus wenige Jahre später, sie schuf, darin sind sich alle einig, den freiheitlichsten Staat in der Geschichte Deutschlands. Und das alles in einem geteilten Land, an der Grenze zwischen Demokratie und kommunistischer Diktatur, vor der Herausforderung, die Wiedervereinigung des Landes nicht aus den Augen zu verlieren. Es dauerte 40 Jahre, bis es so weit war.

Aus zwei mach eins

Am 30. September 1989 steht der damalige Bundesaußenminister Hans-Dietrich Genscher auf dem Balkon der bundesdeutschen Botschaft in Prag und sagt in ein Mikrophon: »Liebe Landsleute, ich bin heute zu Ihnen gekommen, um Ihnen mitzuteilen, dass heute Ihre Ausreise ...« Den Rest des Satzes hört niemand mehr, er geht unter in einem unerhörten Jubel Hunderter von Menschen. Seit gut einem Jahr hatten in der DDR die Proteste gegen die Regierung von Erich Honecker zugenommen. Zu den Montags-Demonstrationen in Leipzig kamen anfangs ein paar Menschen, später ein paar Hundert, schließlich Zehntausende. Andere wollten nicht mehr an die Reformierbarkeit der DDR glauben und suchten nach einem Schlupfloch. Sie fanden es in Prag: Dorthin, ins befreundete sozialistische Ausland durften auch DDR-Bürger reisen. Sie reisten und sie versuchten alles, um in die bundesdeutsche Botschaft zu gelangen, denn eine Botschaft gehört nicht zu dem Land, in dem sie steht. Jene in Prag war also nicht tschechoslowakisches Territorium, sondern bundesdeutsches. Und so waren die Flüchtlinge zunächst geschützt vor dem Zugriff ihrer sozialistischen Freunde.

Aber die Situation war unhaltbar: Mehr als 3500 Menschen in und um ein Gebäude, das nun wirklich nicht wie ein Hotel eingerichtet war. Der ungarische Außenminister Gyula Horn hatte am 10. September verkündet, die ungarische Grenze zu Österreich werde nun offiziell für alle Deutschen offen sein. 57 000 DDR-Bürger gelangen so in den nächsten Wochen in den Westen. Aber die Botschafts-Flüchtlinge in Prag? Für sie hat Hans-Dietrich Genscher in New York einen Kompromiss ausgehandelt, zwischen der Sowjetunion, der DDR und der Bundesrepublik: Sie dürfen ausreisen, aber nur in plombierten, versperrten Zügen und nur über das Gebiet der DDR.

Die Mauer fällt

Am 9. November tagt das Politbüro der DDR. Günter Schabowski muss früher weg, zu einer Pressekonferenz. Dort sagt er beiläufig: »Wir haben uns entschlossen, heute eine Regelung zu treffen, die es jedem Bürger der DDR möglich macht, über Grenzübergänge der DDR auszureisen.« Die Reporter können nicht glauben, was sie da hören, einer fragt nach: Ab wann diese Regelung denn gelte? Schabowski: »Wenn ich richtig informiert bin, ab sofort.« Die Äußerungen Schabowskis werden im Fernsehen übertragen, zunächst zweifeln die Menschen in Ost-Berlin und anderswo – doch dann verbreitet sich das Gerücht: Der Übergang Bornholm ist offen! Und nun beginnt, was der DDR-Schriftsteller Uwe Kolbe »das Fest meines Lebens« nennt – bitter, denn er ist nicht da, er hat ein Stipendium in Amerika und sieht nur im Fernsehen, wie sich Deutschland wiedervereinigt.

Nicht alle sind glücklich

Aufzuhalten ist das nicht mehr, aber dass alle Welt glücklich ist über das Ende der Trennung, kann man auch nicht sagen: Die alliierten Siegermächte des Zweiten Weltkriegs vor allem fürchten eine Veränderung des Machtgefüges in Europa, wenn Deutschland plötzlich fast doppelt so groß ist. Der französische Staatspräsident François Mitterrand fährt am 20. Dezember zu einem Staatsbesuch nach Ost-Berlin – besucht eine Regierung, die eigentlich schon nicht mehr existiert, nur um zu demonstrieren, dass die Bundesrepublik ja nicht alleine bestimmen könne, wohin die Reise geht.

Aber in der UdSSR regiert Michail Gorbatschow, der seinem Land Glasnost und Perestroika verordnet hat,

Offenheit und Wandel. Bei ihm erreicht Bundeskanzler Helmut Kohl im Juli 1990 die sowjetische Zustimmung zur Wiedervereinigung, Bedingung: Auf dem Gebiet der DDR dürfen weder Atomwaffen noch ausländische Truppen stationiert werden und die Bundeswehr wird auf 370 000 Mann verkleinert. Am 12. September 1990 unterzeichnen Hans-Dietrich Genscher (für die Bundesrepublik), Lothar de Maizière (für die DDR), Roland Dumas (für Frankreich), Eduard Schewardnadse (für die UdSSR), Douglas Hurd (für Großbritannien) und James Baker (für die USA) in Moskau den »2-plus-4-Vertrag« – die beiden deutschen Staaten und die vier Alliierten schreiben die Wiedervereinigung fest. Der wichtigste Satz darin ist Artikel 6: »Das Recht des vereinten Deutschland, Bündnisse mit allen sich daraus ergebenden Rechten und Pflichten anzugehören, wird von diesem Vertrag nicht berührt.« Das bedeutet: Deutschland bleibt in der Nato, und die UdSSR hat nichts dagegen.

Und nun sind wir also wiedervereinigt, seit mehr als 15 Jahren schon. Im Grundgesetz hat sich das unter anderem in einer Änderung der Präambel niedergeschlagen: »Die Deutschen (...) haben in freier Selbstbestimmung die Einheit und Freiheit Deutschlands vollendet. Damit gilt dieses Grundgesetz für das ganze deutsche Volk«, steht dort jetzt. Neben einigen Übergangsbestimmungen ist der allerletzte Artikel von Bedeutung, Nummer 146: »Dieses Grundgesetz (...) verliert seine Gültigkeit an dem Tage, an dem eine Verfassung in Kraft tritt, die von dem deutschen Volke in freier Entscheidung beschlossen worden ist.« Warum das noch nicht geschah in 15 Jahren vereintes Deutschland? Vielleicht, weil man mit diesem Provisorium Grundgesetz bislang ja auch ganz gut gelebt hat.

Hat das Grundgesetz den Deutschen die Freiheit gegeben, die sie sich 1949 erhofft hatten? Ich glaube: Ja. Zwar gibt es durchaus Tendenzen, die den Bürger wachsam machen müssten, die bereits beschriebenen Versuche etwa, noch mehr Überwachung, noch mehr Kontrolle einzuführen und durchzusetzen. Auch wer sich ansieht, was Fernsehen und Boulevard-Zeitungen täglich unters Volk bringen, kann gelegentlich schon Zweifel bekommen, ob Pressefreiheit wirklich unbedingt sein muss. Und haben nicht nach der Wiedervereinigung vor allem in den neuen Bundesländern, aber nicht nur dort, die Rechtsradikalen unerhörten Zulauf erhalten, haben sie nicht Asylbewerberheime angezündet, Menschen zu Tode gehetzt, das Andenken Millionen Ermordeter beleidigt? Zudem: Wird uns nicht täglich, vor allem aus den USA erzählt, nun, da die Welt im Abwehrkampf gegen den globalen Terrorismus sei, dürfe man das nicht so genau nehmen mit den Menschenrechten? Schließlich missachte der Terrorist ja auch die Rechte jener, die er in die Luft sprengt.

Gute Argumente – aber keine Argumente gegen das Grundgesetz. Denn: Es gehört zum Menschenrecht der Pressefreiheit, im Namen dieses Rechtes auch Unsinn zu reden, zu senden und zu drucken. Es gehört zum Grundrecht der Meinungsfreiheit, in seinem Namen abstruse, menschenfeindliche Meinungen zu äußern. Wo die Grenze verletzt wird, das steht nicht im Grundgesetz, sondern im Strafgesetzbuch. Und natürlich ist der Terrorismus eine Bedrohung. Aber welche andere Chance haben die Rechtsstaaten, als Rechtsstaaten zu bleiben? Wer heute erlaubt, einen mutmaßlichen Terroristen ein bisschen zu foltern, der findet das morgen vielleicht auch beim Drogendealer nicht mehr so schlimm oder beim Kidnapper. Es gibt Menschenrechte jedoch nur ganz oder gar nicht. Wie George Mason 1776 in der »Virginia Bill of Rights« schrieb, seinem Entwurf für die erste amerikanische Verfassung: »Alle Menschen sind von Natur aus frei und unabhängig und besitzen gewisse angeborene Rechte, derer sie (...) durch keine Abmachung ihre Nachkommenschaft berauben oder mindern können.«

Das Risiko des Scheiterns

Das Recht auf Glück allerdings, wie gesagt, steht nicht im deutschen Grundgesetz – im Gegensatz zur amerikanischen Verfassung. Der Verfassungsrichter Udo Di Fabio schreibt dazu in seinem Vorwort zur aktuellen Ausgabe: »Die Pflicht, die Menschenwürde zu achten und zu schützen, darf nicht missverstanden werden als Auftrag an den Staat, jedem Menschen ein gutes Leben zu garantieren.« Denn daran muss man durchaus auch denken: Dass die Menschenrechte zunächst nicht erklärt wurden als Verpflichtung des Staates gegenüber den Bürgern, sondern ganz im Gegenteil als Schutzrechte des Bürgers vor dem Staat. Für sein Leben ist der Mensch – leider oder glücklicherweise – immer noch selbst verantwortlich. Di Fabio: »Freiheit zu fordern und Freiheit zu leben ist immer auch mit Mühe, Aufwand und dem Risiko des Scheiterns verbunden. Dieses Risiko nicht ängstlich zu meiden, sondern in Kauf zu nehmen und zu akzeptieren, kennzeichnet freie Bürger und unterscheidet sie von bloßen Konsumenten oder bloß verwalteten Existenzen.«

Das Bürgerliche Recht

Von Personen und Sachen

Ich kauf dir was Schönes

Mit den demokratischen Verfassungen im 19. und 20. Jahrhundert entstand auch die bürgerliche Gesellschaft. Beziehungsweise: Das Bürgertum, wirtschaftlich immer erfolgreicher, wurde selbstbewusst und brauchte für seine Geschäfte vor allem eins – Rechtssicherheit. Ein geschriebenes Regelwerk, das nicht mehr abhängig war von den Launen eines Fürsten, eines Königs oder eines sonst wie absolutistischen Herrschers. Solche Unwägbarkeiten würden die Freiheit des Handeltreibens einschränken, wenn nicht unmöglich machen: Der Kaufmann braucht etwas, worauf er sich verlassen kann, auch wenn die politische Macht wechselt. Einige Jahrhunderte lang, zu Zeiten der deutschen Kleinstaaterei, gab es zwar jeweils kleinstaatlerische Gesetzgebung – die wichtigen Dinge orientierten sich allerdings sehr wohl an einer einheitlichen Gesetzgebung, angelehnt an das alte römische Pandektenrecht. Das waren einige wenige Rechtsgrundsätze, die erläutert und ausgeführt wurden in Kommentaren der Rechtsgelehrten, den so genannten Digesten, griechisch Pandekten.

Am 1. Januar 1900 dann: Das Bürgerliche Gesetzbuch tritt in Kraft, nach jahrzehntelanger Diskussion in der Rechtswissenschaft und in der Politik, ein Wust von Paragraphen, undurchschaubar in seinem Aufbau, für den Laien unverständlich, ein Geheimbuch der zivilen Juristerei – auch wenn die Fachleute sich einig sind, dass das BGB für seine Zwecke ein hervorragendes Gesetz ist und die Volksrepublik China es auch deswegen weitestgehend übernommen hat. Trotzdem schreibt der Münchner Zivilrechts-Professor Helmut Köhler: »Das BGB erhebt auch gar nicht den Anspruch, anschaulich und volkstümlich zu sein: es spricht nicht zum Bürger, sondern zum Juristen; es ist von Juristen für Juristen gemacht.« Dem ließe sich entgegenhalten, dass der Bürger sein Recht ja kennen und verstehen muss, um darüber verfügen zu können. Andererseits benötigt unser Recht, so wie es angelegt ist, einen Grad an Abstraktion, der dann vielleicht doch nicht mehr in allgemeinverständlichen Worten hingeschrieben werden kann. Manche Juristen sagen: Jura ist die Kunst, etwas, das jeder weiß, so auszudrücken, dass es keiner mehr versteht.

Der Mensch und seine Dinge

Rechtssubjekt – Eigentum – Vertrag – Rechtsfolgen: Das sind die vier großen Themen des BGB. An der äußeren Gliederung lässt sich das nicht unbedingt erkennen – da heißen die Überschriften der einzelnen Bücher »Allgemeiner Teil«, »Recht der Schuldverhältnisse«, »Sachenrecht«, »Familienrecht« und »Erbrecht«. Es geht aber am Ende doch stets um diese vier Schlagworte:

- Rechtssubjekt: Wer ist eine Person, wer kann Eigentum erwerben und Verträge abschließen, wer kann belangt werden, wenn gegen die Regelungen des BGB verstoßen wird?
- Eigentum: Wie wird Eigentum erworben, wer ist Eigentümer, was ist der Unterschied zwischen Eigentum und Besitz, wann glaubt jemand nur, er sei Eigentümer geworden, obwohl das gar nicht so ist?

- Vertrag: Wie vereinbaren Rechtssubjekte untereinander, dass Eigentum an einer Sache von einem auf den anderen übergehen soll? Sind sie völlig frei in dieser Vereinbarung oder legt das Gesetz ihnen Schranken auf? Wann überhaupt kommt ein Vertrag zustande? Wann reicht eine mündliche Vereinbarung, wann muss das Ganze schriftlich aufgesetzt und unterschrieben werden, wann müssen sie zum Notar, um alles beurkunden zu lassen, und wann wird eine solche Vereinbarung sogar in ein amtliches Verzeichnis wie das Grundbuch eingetragen?
- Rechtsfolgen: Was geschieht, wenn etwas passiert? Das Haus brennt ab, der Mieter zahlt die Miete nicht, das schon verkaufte Auto wird vor der Übergabe an den Käufer bei einem Unfall beschädigt. Wie gesagt: Das bürgerliche Recht geht davon aus, dass freie Individuen ihre Angelegenheiten selbst regeln und der Staat nicht dreinredet. Im BGB ist festgelegt, was zu tun ist, wenn etwas schief geht – wenn dem einen nicht gehört, was er verkauft, wenn etwas zerstört wird, bevor es übergeben ist, wenn vielleicht sogar einer der Vertragspartner in dem speziellen Fall eine Machtstellung zu Ungunsten des anderen ausgenützt hat.

Das waren die grundlegenden Änderungen am BGB seit seiner Existenz: Aus der Erkenntnis heraus, dass nicht immer zwei gleichberechtigte und gleichstehende Individuen sich in Vertragsverhandlungen gegenübertreten. Wenn Julia Roberts mit ihrem Filmstudio über die Gage für ihren nächsten Film verhandelt – dann ist sie mindestens gleichberechtigt. Gleichberechtigter jedenfalls als der Fließbandarbeiter, der seit vier Jahren arbeitslos ist und sich zum hundertsten

Mal um einen Job bewirbt. Der Bürger, der ja nun mal irgendwo wohnen muss, ist seinem Vermieter gegenüber sicher in keiner Verhandlungsposition, wenn er zum Beispiel einmal die Miete nicht zahlen kann. Und einer, der seine Sachen vorzugsweise über das Internet bestellt, steht vor dem Problem, dass er eben nicht wie früher um die Ecke in den Laden gehen kann, um sich zu beschweren, wenn etwas nicht stimmt. In all diesen und in vielen anderen Fällen hat der Gesetzgeber im Lauf der Zeit eingegriffen und besondere Schutzgesetze geschaffen: Arbeitsschutz, Kündigungsschutz, Mieterschutz, Verbraucherschutz erläutern und ergänzen die Regelungen des BGB.

Es beginnt mit der Geburt

Hinein jetzt ins BGB. Paragraph 1: »Die Rechtsfähigkeit des Menschen beginnt mit der Vollendung der Geburt.« Das hört sich banal an, ist aber wichtig. Der Satz definiert sozusagen, wann der Mensch beginnt, Mensch zu sein – in diesem Fall: Rechtssubjekt. Von großer Bedeutung war der Paragraph etwa bei der Diskussion über den legalen Abbruch von Schwangerschaften (siehe dazu S. 46 ff.). Wenn ein Mensch schon ab der Zeugung, also noch im Mutterleib, ein Mensch wäre, dann wäre es sehr viel schwieriger zu erlauben, durch einen medizinischen Eingriff seine Geburt zu verhindern.

Menschen aus Fleisch und Blut heißen im Juristendeutsch »natürliche Personen«. Sie sind selbst verantwortlich für das, was sie tun – selbstverständlich nicht, wenn sie noch Babys sind. Die Geschäftsfähigkeit, die Fähigkeit, gültige Verträge abzuschließen, beginnt im Alter von sieben Jahren. Vorher dürfte der sechsjährige Erstklässler von Rechts wegen nicht einmal in der

Schulpause eine Wurstsemmel kaufen. Im Alltag ist das natürlich ohne Bedeutung, aber wie gesagt: Das BGB regelt, wenn etwas schief geht. Nicht geschäftsfähig können auch Erwachsene sein, wenn sie etwa wegen einer geistigen Behinderung nicht in der Lage sind, die Folgen ihres Tuns einzuschätzen.

Neben dem Menschen gibt es aber noch andere Rechtssubjekte, hinter denen zwar auch Menschen stehen, die aber keine Menschen sind: die so genannten juristischen Personen. Das sind zum Beispiel GmbHs, Aktiengesellschaften (AGs), Vereine. Wenn der Vorstand einer Aktiengesellschaft oder der Kassierer eines Schützenvereins etwas unterschreibt, dann tut er das nicht in seinem eigenen Namen, sondern im Namen der Institution, die er vertritt. Nimmt ein Verein einen Kredit auf und kann den irgendwann nicht mehr bezahlen, dann haftet nicht die Vorstandschaft, sondern der Verein als juristische Person. (Es sei denn, die Vorstände hätten Fehler gemacht, was ja bei großen Fußballvereinen schon mal vorgekommen sein soll.)

Mama, darf ich mir das kaufen?

Mit Vollendung des siebten Lebensjahres bis zur Volljährigkeit mit 18 ist man »beschränkt geschäftsfähig«. Das bedeutet: Der junge Mensch kann Verträge abschließen, beispielsweise etwas kaufen. Er braucht aber dazu die Einwilligung seiner gesetzlichen Vertreter, im Normalfall der Eltern. Das ginge also so: Marc-Kevin, zwölf Jahre alt, hat lange gespart, um sich einen super neuen PC zu kaufen. Er geht ins Geschäft, weiß schon genau, was er will, und schleppt das Zeug zur Kasse. Dort müsste der Kassierer nun eigentlich zuerst Marc-Kevins Eltern anrufen und sie fragen, ob das okay ist, dass der Junge 2 000 Euro für einen Computer ausgibt. Bis dahin, bis zur Einwilligung der Eltern, ist das Geschäft »schwebend unwirksam«. Wenn sie zustimmen, dann ist alles in Ordnung. Hätten hingegen dem Jungen noch 500 Euro gefehlt für sein neues Teil und hätte er sich diese 500 Euro aus dem Haushaltsgeld der Familie geholt – dann könnten die Eltern den Kauf sozusagen widerrufen. Marc-Kevin müsste den Computer zurückbringen, der Laden das Geld zurückgeben. Um also von vornherein auf der sicheren Seite zu sein, könnte sich Marc-Kevin vor dem Kauf von seinen Eltern eine Bestätigung schreiben lassen: »Unser Sohn Marc-Kevin Hoffmann ist berechtigt, für eine Summe bis zu 2 000 Euro einen Computer zu kaufen. Wir erklären zu diesem Kauf unsere Einwilligung.« Datum, Unterschrift der Eltern. Dann weiß der Verkäufer, dass alles in Ordnung ist.

Ein eigener Paragraph fürs Taschengeld

Es gibt eine Ausnahme vom Prinzip des schwebend unwirksamen Vertrags – den so genannten »Taschengeld-Paragraphen« des BGB, Paragraph 110. Er besagt, dass der Jugendliche nicht die Einwilligung seiner Eltern braucht, wenn er mit Geld bezahlt, das »ihm zu diesem Zweck oder zu freier Verfügung von dem Vertreter oder mit dessen Zustimmung von Dritten überlassen worden ist«. Wenn Marc-Kevin demnach von seinem Taschengeld eine CD oder ein Computerspiel kauft, dann kann der Verkäufer davon ausgehen, dass der Kauf gültig ist. Und auch, wenn die Großmutter ihrem Enkel 200 Euro gibt, damit er sich ein neues Rad kauft, dann gehört ihm das Rad ohne Zustimmung der Eltern. Wenn er allerdings von seinem Sparbuch noch einmal 300 Euro holt, weil es für 500 Euro das tollere

Rad gibt – dann braucht er wieder Papas oder Mamas Okay. Und, leider: Nein, es gibt keinen Paragraphen, in dem steht, wie viel Taschengeld Kinder und Jugendliche in einem bestimmten Alter bekommen müssen. Das liegt in den wirtschaftlichen Verhältnissen der Familie und in der Erziehungsabsicht der Eltern.

Der Vertrag

Mach nur einen Vertrag …

Was aber ist das eigentlich, ein Vertrag? Ein Brot bitte, zwei Euro achtzig, hier, bitte schön, danke, auf Wiedersehen? Natürlich laufen Alltagsgeschäfte so ab. Und es hört sich ziemlich absurd an, wenn man den Ablauf eines Kaufvertrags anhand eines Laib Brots nachvollzieht. Aber im Grunde passiert nichts anderes, als wenn jemand ein Auto kauft, ein Haus oder einen Flugzeugträger.

Zunächst: Verkaufen kann man nur etwas, das man besitzt. Klingt logisch, ist es aber nicht. Denn das BGB unterscheidet zwischen Besitz und Eigentum. Der Eigentümer ist der, dem das Ding wirklich gehört, der dafür bezahlt hat. Der Besitzer aber ist der, der die Sache gerade in Händen hält. Wenn jemand eine Wohnung kauft, ist er der Eigentümer. Vermietet er die Wohnung, bleibt er Eigentümer – aber Besitzer ist jetzt der Mieter, denn er »hält die Sache in Händen«, auch wenn das bei einer Wohnung schlecht vorstellbar ist. Wenn ich das Fahrrad eines Freundes ausleihe, bleibt er Eigentümer, aber ich bin der Besitzer. Haarspalterei? Nur auf den ersten Blick. Dass die Unterscheidung durchaus handfeste Konsequenzen haben kann, lässt sich am Beispiel Tankstelle festmachen: Einer fährt hin und tankt sein Auto voll. Dann fährt er weg, ohne zu bezahlen. Für den Juristen kommt es jetzt darauf an, wann der Autofahrer Besitzer des Benzins geworden ist – beziehungsweise, wann der Tankstellenpächter es nicht mehr ist: In dem Moment, in dem der Treibstoff in den Tank fließt? Weil der Pächter selbstverständlich davon ausgeht, dass seine Kunden bezahlen? Oder erst in dem Moment, in dem an der Kasse Geld für Benzin fließt? Das ist, wenn es vors Strafgericht geht, durchaus von Bedeutung. Denn davon hängt ab, ob der unbezahlte volle Tank als Betrug, als Diebstahl oder als Unterschlagung zu werten ist. Zur Unterscheidung der Begriffe mehr im Kapitel Strafrecht.

Um es noch komplizierter zu machen: Der Eigentümer ist der Eigentümer – aber ein Kaufvertrag ist trotzdem gültig, auch wenn dem Verkäufer die Sache gar nicht gehört. Zum Beispiel: Der Herr Weidner hat dem Herrn Augsburger einen Fernseher verkauft. Das Gerät allerdings gehört Herrn Weidner gar nicht; er hat es nur von Herrn Schmitz geliehen. Leider geht es dem Herrn Augsburger mit seinem Geschäft gerade nicht so gut, er geht Pleite. Der Fernseher wird nun versteigert, um Herrn Augsburgers Schulden zu bezahlen – und Herr Schmitz schaut in die Röhre, bekommt vielleicht zehn Prozent des ursprünglichen Werts, obwohl Herr Weidner eigentlich nicht berechtigt war, den Fernseher zu verkaufen.

Ein Vertrag sind viele Verträge

Wie kann das sein? Das kann sein, weil das BGB unterscheidet zwischen zwei Handlungen bei einem Kauf, drei Verträgen, um genau zu sein: Verpflichtung,

Übergabe der Kaufsache, Übergabe des Kaufpreises in Form von Geld. Beim Kauf des Brotes ist das einfach. Der Wunsch des Kunden, er möchte ein Brot kaufen, stellt ein Angebot zum Abschluss eines Kaufvertrages über dieses Brot dar. Sagt der Bäcker nun: »Sehr gerne«, drückt er dadurch seinen Willen aus, dieses Angebot anzunehmen. Damit ist der Verpflichtungsteil, also der Kaufvertrag, abgeschlossen. Die zweite Hälfte, nämlich die Übergabe, passiert nun: »Hier, Ihr Brot. 2 Euro 80.« – »Danke. Hier das Geld.« (Wenn der Kunde seine 2,80 Euro mit, sagen wir mal, einem Zwei-Euro-Stück, ein Mal 50 Cent und drei Mal zehn Cent bezahlt, dann finden, genau genommen, sogar sechs Übereignungshandlungen statt: Das Brot und fünf Münzen.) Jetzt ist das Geschäft abgeschlossen.

Ziemlich kompliziert, und ganz sicher hat beim Brotkauf noch nie jemand daran gedacht, was er da macht, Jurastudenten im ersten Semester vielleicht einmal ausgenommen. Diese Aufsplittung hat aber durchaus ihren Sinn, wenn es um kompliziertere Vorgänge als den Kauf von Lebensmitteln geht. Eine Autofirma etwa ist für ihre Produktion von einer Vielzahl von Zulieferern abhängig. Da werden täglich Hunderttausende von Einzelteilen geliefert, der Konzern verlässt sich natürlich darauf, dass alles seine Ordnung hat, und baut die Sachen in seine Autos ein – im guten Glauben: Er hat mit dem Zulieferer einen Vertrag geschlossen, sie haben sich geeinigt und sie haben sich verpflichtet, der eine zur Lieferung, der andere zur Bezahlung. Schwierig würde es nun werden, wenn der Zulieferer wiederum mit seinen Lieferanten Schwierigkeiten hat und vielleicht deren Rechnungen nicht bezahlt: Soll der Konzern dann jede einzelne

Bremsscheibe wieder ausbauen und an den Lieferanten zurückschicken, weil er zwar Besitzer geworden ist, aber nicht Eigentümer? Auch hier: Das so genannte Abstraktionsprinzip, die Trennung zwischen Kaufvertrag und Übergabe, ist ein Produkt des 19. Jahrhunderts, des beginnenden Warenverkehrs, in dem sich die Produzenten darauf verlassen können mussten, dass sie das, was sie erwerben, auch weiterverkaufen dürfen.

Lass es uns schriftlich machen!

Kurz noch zu einem Mythos, den die meisten Leute glauben und der heißt: Man kann innerhalb einer gewissen Frist von einem geschlossenen Vertrag zurücktreten. Das stimmt meistens nicht. Vertrag ist Vertrag, wenn die Unterschrift gesetzt ist, dann gilt sie. In vielen Fällen nehmen zum Beispiel Kaufhäuser die Sachen zwar trotzdem zurück. Das läuft aber dann auf dem Kulanzweg, also freiwillig und aus Freundlichkeit; verpflichtet dazu sind sie nicht. Es gibt nur einen Fall, in dem ein Vertrag widerrufen werden kann, nämlich dann, wenn das Kaufobjekt schadhaft ist. Doch sogar dann muss dem Verkäufer (dem Verkäufer, nicht dem Hersteller! Denn der Vertrag ist mit dem Verkäufer zustande gekommen, mit sonst niemandem) die Gelegenheit gegeben werden, das Kaufobjekt zu reparieren. Erst wenn das zwei Mal nicht geklappt hat, hat der Käufer zwei Möglichkeiten: die Minderung, das heißt, er findet sich damit ab, dass die Sache schadhaft ist, behält sie und bekommt dafür einen Teil des Kaufpreises zurück. Oder den Rücktritt vom Vertrag; er gibt das Stück zurück und bekommt dafür den gesamten Kaufpreis. So erklärt sich auch, warum manche Läden, vornehmlich Modegeschäfte, ihre Waren »nur gegen Gutschein« umtauschen: Wenn die neue Hose, das neue T-Shirt am Tag nach dem Kauf nicht mehr gefällt und deswegen zurückgegeben werden soll, dann ist das reines Wohlwollen des Ladens, und dann hat er auch das Recht, die Bedingungen für den Umtausch vorzuschreiben, also etwa, dass das Geld in der Kasse bleibt und der Kunde sich stattdessen im gleichen Laden etwas Neues aussuchen kann. Verpflichtet ist der Ladenbesitzer dazu nicht. Anders sieht es aus, wenn sich an der gestern gekauften Jeans heute die Nähte auflösen. Das ist ein Mangel, für den der Ladenbesitzer geradezustehen hat, wenn man solche fehlerhafte Ware zurückbringt, kann man auch das Geld zurückverlangen und muss sich nicht mit einem Gutschein abspeisen lassen.

Um einen weiteren populären Irrtum aufzuklären: Für die wenigsten Verträge ist es nötig, sie schriftlich niederzulegen und die Unterschriften darunterzusetzen. Im Gegenteil kommen die meisten Verträge ohne Schriftform zustande. »Ich wohne jetzt schon seit drei Monaten da, aber der Makler hat immer noch keinen Vertrag geschickt«: Das ist auch nicht nötig. Der Mieter hat sich mit dem Makler getroffen, hat gesagt: »Ich nehme die Wohnung«, der Makler hat gesagt: »Sie bekommen sie« (Einigung), hat dafür gesorgt, dass der Vormieter rechtzeitig auszieht (Verpflichtung), während der neue Mieter einen Dauerauftrag für die Miete eingerichtet hat (ebenfalls Verpflichtung). Dann haben sie sich getroffen, der Makler hat die Schlüssel dabeigehabt (Übergabe) und ein schönes Leben in der neuen Wohnung gewünscht – mehr braucht es nicht, damit ein Vertrag geschlossen ist. Der Wunsch nach einem schriftlichen Vertrag ist dann meistens nur der, das alles schwarz auf weiß zu besitzen – gültig ist er auch ohne Schriftform.

Original und Kopie

Allerdings gibt es Rechtsgeschäfte, bei denen es nicht so einfach ist wie Brot – danke – bitte. Klingeltöne zum Beispiel, überhaupt alles Digitale, stellen Rechtswissenschaftler vor ein erhebliches Problem: Kann man von einer Übergabe sprechen, wenn der Käufer doch nur eine Kopie bekommt, wenn auch eine bis ins letzte Bit originale Kopie, aber das Original beim Verkäufer bleibt? Und was ist in einem solchen Fall überhaupt Original, was Kopie? Dass das BGB da nicht auf der Höhe der Zeit ist, zeigt eine Formulierung in Paragraph 90: »Sachen im Sinne des Gesetzes sind nur körperliche Gegenstände.« Natürlich kann auch mit anderen Sachen gehandelt werden, mit Buchmanuskripten, mit Kompositionen, mit Urheberrechten. Der verrückte Frosch passt am ehesten noch zu Letzterem: Wer ihn sich auf das Handy lädt, erwirbt Nutzungsrechte daran – gekauft hat er das lästige Vieh nicht.

Internet und Urheberrecht

In den Tiefen des World Wide Web

Eine kurze Abschweifung, bevor wir wieder zur Systematik des BGB zurückkehren – wenn wir schon gerade in der digitalen Welt sind: Jedermann kann sich heute ohne größere Probleme eine Domain sichern, also eine Homepage-Adresse wie zum Beispiel www.kathrin-huber.de. Und auch dafür, wie die Homepage mit Inhalten zu füllen sei, gibt es mehr als genug Handbücher, Software-CDs, Anleitungen, Baukästen. Nur – was soll drauf auf die Seite? Ach, da war doch neulich in diesem Blog ein tolles Foto, und hier dieses wunderbare Gedicht, das sollen alle lesen können. Natürlich auch den Zeitungsbericht über unser letztes Schulkonzert und den Hit meiner Lieblingsband als Hintergrundmusik. Schwupps, gescannt, kopiert, gespeichert, fertig ist die Brause.

Das kann teuer werden.

Viele glauben, weil im Internet alles so praktisch verfügbar ist, könne auch alles benutzt werden. Das ist ein großer Irrtum. Denn natürlich gilt auch im Web das Urheberrecht. Und das heißt: Das Recht, über ein Kunstwerk zu verfügen, hat zunächst allein sein Schöpfer. Wer ein solches Werk ohne Zustimmung des Erschaffers verwendet, der muss eventuell Schadenersatz bezahlen.

Was alles geschützt ist

Moment: Ein Zeitungsartikel ein Kunstwerk? Zugegeben – die wenigsten erreichen dieses hohe Ziel. Macht aber nichts. Denn das Urheberrechtsgesetz definiert eindeutig, was unter seinen Schutz fällt:

Sprachwerke, das sind Schriftwerke – also Romane, Gedichte, wissenschaftliche Abhandlungen, aber eben auch Zeitungsartikel sowie Computerprogramme.

Musikalische Werke. Dazu gehört der Nummereins-Hit ebenso wie der Klingelton, die Symphonie und der Radio-Jingle – nicht nur die klingende Musik, sondern auch die Noten davon.

Bildende Kunst, also Malerei und Bildhauerei, aber auch Architektur und »angewandte Kunst«, zum Beispiel das Design für die Kaffeemaschine. Hierzu gehören auch alle Entwürfe.

Fotografien.

Filme. Hier heißt es im Gesetz: »... einschließlich der Werke, die ähnlich wie Filmwerke geschaffen werden.« Das zielt auf die Animationsfilme, die zwar gänzlich im Computer geschaffen werden, ohne dass eine Filmkamera zum Einsatz käme, die aber ansonsten dennoch alle Merkmale eines Films haben.

Darstellungen wissenschaftlicher oder technischer Art, wie Zeichnungen, Pläne, Karten, Skizzen, Tabellen und plastische Darstellungen. Das kann schon zutreffen, wenn jemand sich irgendwo eine Landkarte runterlädt, den Weg zu sich nach Hause einzeichnet und sie so auf seine Homepage stellt: Irgendjemand hat die Karte ja gezeichnet, er hat das Recht daran.

Die Einschränkungen des Urheberrechts gelten erst ab einer gewissen »Schöpfungshöhe«: Für einen simplen Einkaufszettel wird niemand Urheberrechte beanspruchen können, ebenso wenig für irgendein Gekrakel auf der Rückseite des Schulhefts. In allen anderen Fällen gilt: Lieber erst nachfragen. Kommerzielle Anbieter wie eben Landkartenverlage werden dann zwar eine Gebühr verlangen. Die kommt aber immer noch billiger als eine entdeckte Verwendung ohne Lizenz. Dann schreibt nämlich erst einmal der Anwalt eine Abmahnung und fordert, das Werk unverzüglich von der Website zu entfernen. Kein Problem? Von wegen, der Anwalt will ja auch bezahlt werden. Und wer zahlt? Der, der das Recht verletzt hat. Das kann sich schnell zu einigen hundert Euro summieren.

Relativ und absolut

Doch nicht nur Urheberrechtsverletzungen sind gefährlich im Internet. Ist dieses Foto von dem Besoffenen neulich auf dem Volksfest nicht zu köstlich? Rauf damit auf die Website. Doch leider entdeckt der Volksfest-Besucher, mittlerweile wieder nüchtern, das Bild – und fühlt sich beleidigt. Was kann geschehen? Dazu ein kurzer Ausflug ins Presse- und Rundfunkrecht. Denn eine Internetseite ist fraglos eine Veröffentlichung und unterliegt damit dem Presserecht. Was Fotografien angeht, so unterscheidet die Rechtsprechung zwischen »absoluten« und »relativen« Personen der Zeitgeschichte. Absolute: Das sind der Papst, Franz Beckenbauer, Michael Schumacher, Mick Jagger, Robbie Williams. Leute also, die durch ihre Position oder ihre Lebensleistung im Fokus der Öffentlichkeit stehen. Sie dürfen – vereinfacht gesagt – immer fotografiert werden; gegen eine Veröffentlichung der Bilder können sie sich nur im Ausnahmefall wehren, zum Beispiel, wenn sie in eindeutig privater Situation angetroffen werden, wozu auch gehören kann, dass sie im Restaurant an einem abgeschiedenen Tisch sitzen und erkennbar ihre Ruhe haben möchten. Wenn aber Robbie Williams über die Straße geht und dabei fotografiert wird – dann dürfen die Fotos auch veröffentlicht werden, ohne dass Robbie um Erlaubnis gefragt werden muss.

Relative Personen der Zeitgeschichte sind solche Menschen, die nur aus einem bestimmten Anlass heraus plötzlich im öffentlichen Interesse stehen, danach aber wieder in der Anonymität verschwinden. Der Angeklagte in einem spektakulären Mordprozess (obwohl da manche Richter anderer Ansicht sind). Der millionste Besucher in einem Museum. Der Hauptgewinner bei »Wer wird Millionär?«. Sie dürfen fotografiert werden, solange das Ereignis anhält, das ihnen ihre Viertelstunde Ruhm bringt. Aber wenn der Mörder seine Strafe verbüßt hat, wenn der Museumsbesucher wieder nach Hause zurückkehrt, wenn der Millionengewinner in Urlaub fährt – dann sind sie zu behandeln wie alle anderen, nicht prominenten Menschen.

Und das heißt: Man muss sie fragen, wenn man sie fotografieren will. Der Begriff heißt »Recht am eigenen Bild«, seine Verletzung hat manche Boulevardzeitung schon eine Menge Geld gekostet. Der Fall des betrunkenen Volksfest-Besuchers ist damit klar: Er ist weder absolute noch relative Person der Zeitgeschichte, auch wenn sich für ein, zwei Tage der ganze Ort über ihn amüsiert hat. Also durfte er nicht ohne Zustimmung fotografiert werden, und veröffentlichen durfte man das Foto erst recht nicht. Vorsicht übrigens auch bei »Funny Pics«, die auf manchen Internetseiten zu Hunderten zu besichtigen sind: Dass der, der das Foto veröffentlicht, es nicht gemacht hat, spricht ihn nicht frei. Wenn einer, der in einer peinlichen Situation erwischt wurde, sich dagegen wehrt, weltweit lächerlich gemacht zu werden, dann? Genau: Kann's teuer werden. Von strafrechtlichen Konsequenzen wie einem Verfahren wegen Beleidigung oder Ähnlichem ganz abgesehen.

Disclaimer und anderer Quatsch

So. Nun kann nichts mehr schief gehen mit der eigenen Homepage. Oder? Vorsichtshalber noch diesen Spruch ins Impressum gestellt. Keine Ahnung zwar, was er bedeutet, aber alle anderen haben ihn ja auch:

»Das Landgericht Hamburg hat mit Urteil vom 12. 5. 1998 entschieden, dass man durch die Anbringung eines Links die Inhalte der gelinkten Seite mit zu verantworten hat. Dies kann laut LG Hamburg nur dadurch verhindert werden, dass man sich ausdrücklich von diesen Inhalten distanziert. Wir distanzieren uns ausdrücklich von allen Inhalten aller gelinkten Seiten auf dieser gesamten Website.«

Um es kurz zu sagen: Man kann sich diesen Spruch sparen – er hilft nichts. Denn das Landgericht Hamburg hat am 12. 5. 1998 nämlich entschieden, dass ein solcher Standard-Spruch gerade nicht ausreicht, wenn die Links auf der Seite zu anderen Seiten führen und auf diesen Seiten etwas strafrechtlich Relevantes passiert. Deshalb gilt:

- Solche Seiten gleich gar nicht verlinken oder den Link sofort entfernen, wenn sich auf der Seite etwas ändert.
- Von Zeit zu Zeit die Links überprüfen, ob sie überhaupt noch zu den ursprünglichen Seiten führen und nicht plötzlich zu einer Kinderporno-Sammlung.
- Frame-Linking vermeiden, also das Öffnen fremder Seiten in einem Rahmen auf der eigenen Site.
- Wenn es denn unbedingt sein muss: Auf einer eigenen Seite innerhalb der eigenen Website ausführlich begründen, warum man den Link gesetzt hat, mit den Inhalten der dortigen Seite aber gewiss nichts zu tun haben will.

Da ist Musik drin

Was kann man im Internet nicht für tolle Sachen anstellen. Die kompletten Charts zum Beispiel einfach runterladen, ohne einen Cent dafür zu bezahlen, und dazu braucht man nicht mal eine eigene Homepage. Aber halt! Schon wieder drohen Strafrecht und Urheberrecht. Denn Musiker singen ja ihre Lieder nicht nur, um die Menschen zu erfreuen. Sie, und natürlich auch ihre Plattenfirmen, wollen damit Geld verdienen. Wenn sich jemand die Musik holt, ohne dafür zu bezahlen, verstehen sie – zu Recht – keinen Spaß. Das zeigte sich bei den Auseinandersetzungen um die ersten illegalen Musik-Tauschbörsen wie Napster: Mehr als einmal stand da frühmorgens der Staatsanwalt vor entsetzten Eltern und erklärte, dass ihr Kind sich gehörig strafbar gemacht habe.

Dabei geht es den Plattenfirmen in erster Linie gar nicht darum, die Kopierer ins Gefängnis zu bringen – sie kommen nur ohne Staatsanwalt nicht an sie ran. Denn die Provider geben den Unternehmen keine Auskunft über ihre Kunden. Erst bei einem staatsanwaltschaftlichen Ermittlungsverfahren rücken sie die Daten raus. Nun sind die Plattenfirmen Verfahrensbeteiligte, bekommen Akteneinsicht, haben hiermit die Adressen der Delinquenten. Und können zivilrechtlich Schadenersatz fordern.

Gebranntes Kind

Ähnliches gilt auch für das beliebte Brennen von CDs. Das ist nicht grundsätzlich verboten: Wenn ich die Original-CD gekauft habe, für meine Freundin eine Kopie mache und sie ihr zum Geburtstag schenke, dann ist das okay. Die Rechtsprechung ist sich noch nicht ganz einig, aber die Tendenz geht dahin: Mehr als zehn solcher privaten Kopien sind bedenklich. Und wenn man das ganze professionell betreibt und die kopierten CDs am Pausenhof verkauft, dann ist das eindeutig kriminell. Seit einer Änderung des Urheberrechts ist es jedoch verboten, zum Zweck einer Privatkopie einen vorhandenen Kopierschutz auf der CD zu knacken – wenn der Inhaber der Rechte nicht will, dass die CD kopiert wird, dann muss man das akzeptieren.

Das Delikt

Die Plattenfirmen gehen gegen den professionellen CD-Brenner vor, weil er ihre Rechte verletzt – weil er ein Delikt begangen hat. Davon handelt das vierte Buch des BGB. Der Hauptparagraph dafür ist der 823.: »Wer vorsätzlich oder fahrlässig das Leben, den Körper, die Gesundheit, die Freiheit, das Eigentum oder ein sonstiges Recht eines anderen widerrechtlich verletzt, ist dem anderen zum Ersatz des entstehenden Schadens verpflichtet.« Wir sind hier in einem sehr alten Teil des Rechts: Früher, als es noch kein staatliches Strafrecht gab, wurden sämtliche Delikte auf privatrechtlichem Weg geregelt. Dabei musste der Täter meist mehr leisten, als nur den Schaden wieder gutzumachen, den er angerichtet hatte (und der sich bei gewissen Taten, Mord zum Beispiel, ja sowieso nicht beziffern lässt). So erhielt der Geschädigte zum einen seinen Vermögensverlust zurückerstattet, zum anderen eine gewisse Genugtuung daraus, dass der Täter eben mehr bezahlen musste, als der reine Schaden ausmachte. Irgendwann wurde das getrennt: Nun ist der Staat allein fürs Strafen da, um Schadenersatz muss sich jeder selbst kümmern.

Ein Beispiel: Auf einem Volksfest kommt es zu einer

Schlägerei, wobei der Franz den Peter schwer verletzt. Peter muss einige Tage im Krankenhaus bleiben. Franz bekommt vom Staatsanwalt ein Verfahren wegen Körperverletzung. Das endet mit einem Strafbefehl über eine Geldstrafe (was das genau bedeutet, steht im Kapitel Strafrecht). Diese Strafe bezahlt Franz an die Staatskasse. Peter sieht davon im Normalfall keinen Pfennig. Seinen Schaden und ein eventuelles Schmerzensgeld muss er zivilrechtlich einklagen. Dabei muss er genau auflisten, welcher Schaden ihm denn entstanden ist. Das kann das zerrissene Hemd sein, die zerbrochene Brille, wenn er selbstständig arbeitet, sogar ein Verdienstausfall. Oder er ist Außendienstler und auf das Auto angewiesen. Wegen seiner Verletzungen kann er aber nicht fahren und braucht einen Chauffeur. Auch dafür müsste Franz aufkommen.

Die Juristen sagen: Peter hat an Franz eine »Forderung aus Delikt«. Es gibt auch noch die »Forderung aus Vertrag«. Chris hat bei einem Computerversandhändler einen neuen PC bestellt. Als er geliefert wird, stellt sich schnell heraus, dass das Gerät defekt ist. Welche Ansprüche hat Chris gegenüber dem Händler? Fünf verschiedene, in Abstufung.

Zunächst einmal kann er verlangen, dass der Händler den Mangel beseitigt, also den PC repariert oder einen anderen, funktionstüchtigen liefert. Wenn der Defekt nicht so riesig ist und Chris glaubt, ihn selbst reparieren zu können, dann kann er auch sagen: Ich behalte das Gerät, will aber weniger bezahlen. Die Lieferung eines neuen Gerätes heißt Wandlung, die Herabsetzung des Kaufpreises Minderung. Den kaputten Computer gleich zurückgeben, also vom Vertrag zurücktreten, das kann Chris erst mal nicht – zunächst muss er dem Händler die Chance geben, den Defekt zu beheben. Wenn der das zwei Mal versucht hat und das Gerät immer noch nicht einwandfrei funktioniert, dann bekommt Chris sein Geld zurück und kauft seinen Computer anderswo.

In seltenen Fällen kann Chris neben der Rückerstattung des Kaufpreises sogar Schadenersatz verlangen – nämlich dann, wenn der Verkäufer eine bestimmte Eigenschaft garantiert hat. Wenn Chris also etwa beim Kauf gesagt hat: »Ich bin freiberuflicher Grafiker und habe einen großen Auftrag, ich brauche den PC unbedingt bis zum 17.« und wenn der Verkäufer geantwortet hat, dass das auf jeden Fall klappt, dann hat er die Lieferung bis zu diesem Termin garantiert. Kommt der PC später und verliert Chris deswegen den Auftrag, dann kann der Verkäufer zur Wiedergutmachung das Schadens verpflichtet sein.

Eherecht

Willst du mich ...?

So weit zunächst zu den grundlegenden Aspekten des BGB. Mit zwei weiteren Bereichen des Gesetzes wollen wir uns noch näher beschäftigen – mit dem Ehe- und dem Kindschaftsrecht. Das ist wieder einmal so ein Fall: Solange alles gut geht, interessiert sich kein Mensch dafür. Erst wenn eine Ehe scheitert, dann wird die rechtliche Lage interessant.

Also: Kerzenlicht, leise Musik, Christoph fällt vor Petra auf die Knie und fragt zitternd: »Willst du für immer bei mir bleiben? Willst du meine Frau werden?« Petra haucht: »Ja.« Das mag ganz schön kitschig klingen – und weil Juristen zumindest dienstlich selten einen Hang zur Romantik haben, lassen sie Kerzenschein und roten Wein weg und sagen ganz nüchtern: »Die Ehe wird nur dadurch geschlossen, dass die Eheschließenden vor dem Standesbeamten erklären, die Ehe miteinander eingehen zu wollen.« Das ist wichtig: Petra und Christoph können untereinander noch so viel vereinbaren, »richtig«, also rechtlich gültig verheiratet sind sie erst, wenn sie auf dem Standesamt waren. Die kirchliche Trauung mag zwar anrührender sein als der Termin auf dem Standesamt. Juristisch ist sie jedoch völlig ohne Bedeutung.

Petra und Christoph gehen also zum Standesamt, vereinbaren einen Termin, erscheinen an diesem Tag – ob mit Feiergemeinde oder ohne ist egal – und werden vom Standesbeamten einzeln gefragt, ob sie die Ehe miteinander eingehen wollen. Die beiden müssen gemeinsam anwesend sein, sie können sich auch nicht vertreten lassen. Wenn sie die Frage des Standesbeamten mit Ja beantworten und die Eheurkunde unterschreiben, dann erklärt der Beamte, »dass sie nunmehr kraft Gesetzes rechtmäßig verbundene Eheleute sind«.

Wie sollen wir heißen?

Eine Entscheidung müssen die beiden Turteltauben zuvor schon getroffen haben: die über ihren Ehenamen. Dessen Wahl ist seit einigen Jahren recht frei, während früher der Name des Mannes fast automatisch Ehename wurde. Heute kann sowohl der Name des Mannes wie der der Frau zum Ehenamen bestimmt werden. Derjenige der beiden, der seinen Namen ablegt, kann ihn dem Ehenamen voranstellen oder anfügen – das sind die berühmten Bindestrich-Namen, Hildegard Müller-Oposchinski oder so ähnlich. Wenn die Brautleute keinen Ehenamen bestimmen, passiert überhaupt nichts – jeder heißt einfach so weiter wie bisher. Denn im Gesetz steht eine Soll-Vorschrift: »Die Ehegatten sollen einen gemeinsamen Familiennamen bestimmen.« Sollen heißt nicht müssen. Wenn später Kinder zur Welt kommen, dann tragen die den Familiennamen. Gibt es keinen gemeinsamen Namen, dann entscheiden die Eltern, welchen Namen das Kind tragen soll. Doppelnamen sind dabei nicht erlaubt.

Die Ehe ist geschlossen, das Fest gefeiert – nun beginnt der Alltag. Darüber sagt das Gesetz naturgemäß relativ wenig aus, das sollen die beiden mal schön alleine regeln. Ein bisschen steht aber doch im BGB. Zum Beispiel der Paragraph 1353, Satz 2: »Die Ehegatten sind einander zur ehelichen Lebensgemeinschaft verpflichtet; sie tragen füreinander Verantwortung.« Das heißt unter anderem, dass sie gegenseitig zum Unterhalt verpflichtet sind. Und wenn ein Partner kein Geld verdient, sondern Haus und Hof zusammenhält? »Ist einem Ehegatten die Haushaltsführung überlassen, so erfüllt er seine Verpflichtung, durch Arbeit zum Unterhalt der Familie beizutragen, in der Regel durch die Führung des Haushalts.« Übrigens sind sämtliche Paragraphen, die das Eheleben betreffen, geschlechtsneutral gehalten. Das war lange Zeit anders, da war der Mann das »Familienoberhaupt« und konnte seiner Frau verbieten, arbeiten zu gehen. Heute gilt der Artikel 3 Grundgesetz: »Männer und Frauen sind gleichberechtigt.« Deshalb auch der Paragraph 1356 BGB: »Beide Ehegatten sind berechtigt, erwerbstätig zu sein.«

Meins, deins, unseres

Das Ehegüterrecht – auch damit beschäftigt sich kaum jemand, solange die Ehe gut geht. Es handelt davon, wie mit dem jeweiligen Vermögen der Eheleute und mit ihrem gemeinsamen umgegangen wird. Der so genannte »gesetzliche Güterstand« ist die Zugewinngemeinschaft. Er gilt immer dann, wenn nichts anderes vereinbart worden ist. Zugewinngemeinschaft heißt: Jeder Ehepartner behält das Vermögen, das er zu Beginn der Ehe hatte, weiterhin alleine in seinem Eigentum. Was während der Ehe hinzukommt, gehört auch dem, der es jeweils gekauft hat – nur bei einer Scheidung muss es zu gleichen Teilen geteilt werden.

Beispiel: Der romantische Christoph, der Petra geheiratet hat, hat vor der Ehe schon ein Haus gekauft, für 300 000 Euro. Leider lässt die Romantik im Lauf der Zeit nach, nach ein paar Jahren wollen die beiden sich scheiden lassen. Muss Christoph das Haus verkaufen und den Erlös mit Petra teilen? Nein: Das Haus war sein Eigentum vor Beginn der Ehe und ist es bis heute. Wenn das Haus allerdings mittlerweile 400 000 Euro wert ist – dann haben die beiden einen Zugewinn von 100 000 Euro erzielt, auf dessen Hälfte Petra einen Anspruch hat. Christoph müsste ihr also 50 000 Euro bezahlen und könnte sein Haus behalten. Hätte Petra in ihrem »Anfangsvermögen«, also zum Zeitpunkt der Eheschließung, ein Aktienpaket im Wert von 10 000 Euro, das bei der Scheidung 20 000 Euro wert wäre – dann würde ihr Zugewinn vom Anspruch abgezogen: Zugewinn Christoph 100 000 Euro, Zugewinn Petra 10 000 Euro, Unterschied: 90 000 Euro. In diesem Fall müsste Christoph 45 000 Euro bezahlen.

Getrennte Güter

Die anderen Arten des ehelichen Güterstands kommen nur zustande, wenn sie zum Beispiel in einem Ehevertrag geregelt sind. Bei der Gütertrennung behält jeder sein Vermögen und auch den Zugewinn. Das kann Sinn haben, wenn etwa der Mann persönlich haftender Gesellschafter einer GmbH ist: Wenn dann das gesamte gemeinsame Privatvermögen der Frau gehört, haben die Gläubiger darauf keinen Zugriff, falls die GmbH Pleite geht. Allerdings trägt der Mann auch das Risiko, von der Frau ohne einen Cent vor die Tür gesetzt zu werden. Das Gegenteil der Gütertrennung ist die Gütergemeinschaft: Dann gehört beiden alles zusammen, das Anfangsvermögen und der Zugewinn. Bei einer Scheidung wird alles fifty-fifty geteilt.

Scheidung und Unterhalt

Eigentlich hat der Gesetzgeber vorgesehen, dass nach einer Scheidung jeder der beiden früheren Partner eigenverantwortlich für das aufkommt, was er zum Leben braucht. Nur in bestimmten Fällen ist der »wirtschaftlich stärkere« Partner, also der, der mehr verdient, verpflichtet, Unterhalt zu zahlen. Allerdings treffen diese Fälle auf eine Vielzahl von Scheidungen zu, so dass Unterhalt eher die Regel als die Ausnahme ist. So kann ein Ehegatte auf jeden Fall Geld verlangen, wenn er ein gemeinsames Kind betreut und deshalb nicht arbeiten kann. Ob und in welchem Ausmaß ihm ein Job zugemutet werden kann, hängt von Alter und Zahl der Kinder ab, ob es Kindergärtenplätze oder andere Möglichkeiten der Betreuung gibt. Aber auch die Berufsausbildung des Ehegatten und seine Chancen auf dem Arbeitsmarkt spielen eine Rolle. Weitere Gründe für eine Unterhaltspflicht: Der geschiedene

Partner ist alt oder krank, arbeitslos, er befindet sich in Ausbildung, wozu auch Umschulung und Fortbildung zählen. Wenn der wirtschaftlich schwächere Partner arbeitet, aber nicht so viel verdient, wie ihm an Unterhalt zustehen würde, dann kann er die Differenz vom geschiedenen Ehegatten verlangen, das heißt »Aufstockungsunterhalt«. Diese Grundsätze gelten übrigens nicht erst nach der Scheidung, sondern auch schon in der Zeit des Getrenntlebens.

Zu unterscheiden ist dieser Ehegattenunterhalt vom Kindesunterhalt: Gemeinsame Kinder haben einen eigenen Anspruch. So kann es durchaus vorkommen, dass der Ehegatte selbst keinen Unterhalt bekommt, der andere Ehegatte aber dennoch Unterhalt für die Kinder zahlen muss. Dieser Kindesunterhalt richtet sich im Allgemeinen nach der »Düsseldorfer Tabelle«. Dort sind die monatlichen Sätze festgelegt, gestaffelt nach dem Einkommen des Unterhaltspflichtigen und dem Alter des Kindes. Die Sätze werden regelmäßig an Inflation etc. angepasst. Gezahlt werden muss der Unterhalt bis zum 21. Lebensjahr, sofern das Kind unverheiratet ist, sich in Ausbildung oder in der Schule befindet und im Haushalt eines Elternteils lebt. Nach dem 21. Geburtstag kann weiterhin ein Anspruch bestehen, zum Beispiel bis zum Ende eines Studiums. Endgültig Schluss ist mit der Vollendung des 27. Lebensjahres.

Kindschaftsrecht

Und was ist mit dem Kind?

So ist das also, wenn eine Liebe zu Ende geht. Nicht beendet werden kann allerdings, was aus einer Liebe gelegentlich entsteht: Eltern bleiben Eltern, auch wenn sie sich scheiden lassen. Juristen müssen natürlich erst einmal definieren, was denn das eigentlich ist: Mutter und Vater. Auch das steht im BGB. Bei der Mutter klingt's auf den ersten Blick einfach: »Mutter eines Kindes ist die Frau, die es geboren hat«, Paragraph 1591. Klar, oder? So einfach ist es aber nicht. Seit einigen Jahren bietet die Medizin die Möglichkeit, einer Frau eine Eizelle zu entnehmen, diese zu befruchten und sie einer anderen Frau einzupflanzen, die dann die Schwangerschaft erlebt und das Baby zur Welt bringt – im deutschen Rechtssystem sind diese Eizellenspende und die »Leihmutterschaft« verboten. Trotzdem besteht die Möglichkeit, dass Frauen den Eingriff im Ausland vornehmen lassen. Da stellt das Gesetz eindeutig klar: »Leihmütter« gibt es in Deutschland nicht, wer das Kind gebiert, ist die Mutter.

Beim Vater wird es noch komplizierter. Im folgenden Paragraphen 1592 heißt es, Vater eines Kindes sei der Mann, erstens, der zum Zeitpunkt der Geburt mit der Mutter verheiratet ist, zweitens, der die Vaterschaft anerkannt hat, oder drittens, der vom Gericht als Vater festgelegt wurde. Wir kehren zurück zu Christoph und Petra von weiter oben und erklären an diesem Beispiel, was das bedeutet.

Die beiden wollen sich immer noch scheiden lassen – aber jetzt nehmen wir an, Petra sei schwanger. Einen Monat vor der Scheidung kommt Kathrin zur Welt. Christoph und Petra sind noch verheiratet – also gilt automatisch Christoph als Vater. Nun muss Petra aber zugeben, dass eventuell auch ihr neuer Freund Dirk der biologische Vater sein könnte. Jetzt gibt es mehrere Möglichkeiten. Die einfachste: Das Scheidungsverfahren läuft schon. Dann kann Dirk die Vaterschaft anerkennen, und wenn sowohl Christoph wie auch Petra zustimmen, dann gilt Dirk ab sofort als Vater von Kathrin.

Stimmt einer der Beteiligten nicht zu, dann muss Christophs Vaterschaft angefochten werden. Dazu berechtigt sind Christoph, Petra, sogar Kathrin. Auch Dirk – der allerdings nur, wenn er beschwört, Petra »während der Empfängniszeit beigewohnt«, also mit ihr geschlafen zu haben.

Anders liegt der Fall, wenn Kathrin einen Monat nach der Scheidung zur Welt kommt: Petra und Christoph sind nicht mehr verheiratet, also ist Christoph nicht der Vater. Dirk, wenn er will, kann zum Jugendamt gehen und dort die Vaterschaft anerkennen. Dem müsste Petra zustimmen. Tut sie das nicht, wird die Vaterschaft gerichtlich festgestellt, zum Beispiel durch einen Gen-Test.

Diese Tests sind in letzter Zeit gehörig in die Schlagzeilen geraten – vor allem weil es sie in zwei Arten gibt: ein großer, offizieller, ziemlich teurer, der vor Gericht gilt. Und ein kleiner, relativ günstiger. Den benutzen vermehrt Männer, die Zweifel an ihrer Vaterschaft haben, sich diesen Zweifel aber erst einmal bestätigen – oder austreiben – lassen wollen, ohne einen Riesenstreit mit der Mutter loszutreten. Welche treue Frau hört schon gerne, dass ihr Partner den Verdacht hat, sie habe ihn betrogen? Diesen Männern reicht eine Kleinigkeit von ihrem Kind, ein Haar, ein bisschen Speichel auf einem Wattestäbchen, ein Pflaster mit ein wenig Blut. Das schicken sie mit einer ähnlichen Probe von sich selbst in ein Labor und erhalten einige Zeit später das Ergebnis: mit welcher Wahrscheinlichkeit sie der Vater des Kindes sind.

Diese Tests sind in der Rechtsprechung höchst umstritten, vor allem aus einem Grund: Die Bestimmung der Genstruktur ist ein Eingriff in die körperliche Unversehrtheit des Kindes. Es wird nicht nach seinem Einverständnis gefragt, ebenso wenig nach dem der Mutter, die ja wahrscheinlich sorgeberechtigt ist. Deshalb haben Gerichte solche Tests lange nicht anerkannt. Vor kurzem hat der Bundesgerichtshof in einem Fall anders entschieden: Das Recht bewegt sich, noch weiß niemand, was am Ende herauskommen wird.

Du machst mir nichts als Sorgen!

In den vorhergehenden Absatz hat sich ein Wort eingeschlichen, das bislang noch nicht vorkam: »Sorgeberechtigt« gegenüber einem Kind sind jene Erwachsenen, die darauf aufpassen, es erziehen, wichtige Entscheidungen treffen, die es noch nicht selbst treffen kann – und die im Zweifelsfall auch sagen können, was das Kind zu tun und zu lassen hat. Im Normalfall sind das die Eltern, und zwar beide Eltern gemeinsam. Das gemeinsame Sorgerecht haben die Eltern auf jeden Fall, wenn sie verheiratet sind. Sodann, wenn sie nach der Geburt des Kindes heiraten. Und, sofern sie nicht heiraten wollen, wenn sie erklären, das Sorgerecht gemeinsam übernehmen zu wollen. Solche »Sorgeerklärungen« müssen beurkundet werden, deshalb müssen die beiden dafür zum Jugendamt oder zum Notar. Bei unverheirateten Eltern und wenn keine Sorgeerklärungen abgegeben werden, bleibt das Sorgerecht allein bei der Mutter.

Man kann nicht aufhören, Eltern zu sein – deshalb besteht das gemeinsame Sorgerecht auch nach einer Scheidung fort. Das ist eine der großen Errungenschaften der Reform des Kindschaftsrechtes aus dem Jahr 1998. Zuvor musste das gemeinsame Sorgerecht immer erst beantragt werden. Wenn einer der beiden Elternteile dagegen war, entstand oft ein jahrelanger Kampf ums Kind. Nun gibt es das alleinige Sorgerecht nur noch in Ausnahmefällen und nur dann, wenn der, der es haben will, beweisen kann, dass das besser für das Kind ist.

Natürlich fällt es vielen ehemals verheirateten Paaren schwer, ihre persönlichen Konflikte außer Acht zu lassen und zum Wohl des Kindes zu handeln. Eine Untersuchung des Bundesjustizministeriums allerdings zeigt, dass die gemeinsame Sorge durchaus positive Auswirkungen auch auf die ehemaligen Partner hat: Ihre Kommunikation klappt besser, sie kooperieren miteinander. Zudem kommt es bei gemeinsamer Sorge viel seltener vor, dass ein Elternteil den Kontakt zum Kind komplett abbricht.

Das rote oder das blaue Hemd?

Aber wie muss man sich das vorstellen? Muss die Meinung des Partners, bei dem das Kind nicht lebt, bei jeder Pipifax-Entscheidung gehört werden? Nein – in den Fragen der alltäglichen Lebensführung entscheidet der Elternteil, bei dem sich das Kind aufhält: Das rote oder das blaue Hemd, darf ich zu McDonald's, kann ich bei Peter übernachten? Das gilt übrigens auch für die Zeit, in der das Kind den Elternteil besucht, bei dem es normalerweise nicht wohnt; dann entscheidet der alleine. Eine Verständigung der Eltern ist jedoch erforderlich, wenn es um große Entscheidungen geht, die das gesamte Leben des Kindes betreffen und nur schwer rückgängig gemacht werden können. Das könnte etwa die Wahl der Schule sein, die das Kind nach der Grundschule besuchen soll. Oder: Die Mutter möchte mit dem Kind in eine andere Stadt ziehen. Das kann sie nicht, ohne das Einverständnis des Vaters. Wenn sich die Eltern in einer solchen grundlegenden Frage absolut nicht einigen wollen, dann kann das Gericht sagen, ob Vater oder Mutter entscheiden dürfen.

Rechte und Pflichten

Leider – es hat ja nicht geklappt mit Christoph und Petra. Sie lassen sich scheiden, die kleine Kathrin wird bei Petra wohnen bleiben. Wenn die Eltern vernünftig sind, werden sie sich zusammensetzen und besprechen, wann und wie Christoph seine Tochter sehen kann. In der Wissenschaft herrscht heute Einigkeit darüber, dass auch nach einer Trennung der Eltern beide, Vater und Mutter, wichtig sind für das Kind – im Gegensatz zu früheren Zeiten, als man glaubte, »aus den Augen, aus dem Sinn« sei die richtige Maßnahme nach einer Trennung. Heute sieht das Gesetz das Recht und die Pflicht auf Umgang vor – und zwar für beide Seiten: Eltern haben das Recht und die Pflicht, sich um ihr Kind zu kümmern, Kinder haben das Recht und die Pflicht, ihre Eltern zu sehen. Und nicht nur das: Ein Umgangsrecht haben auch die Geschwister des Kindes, die Großeltern und andere Menschen, die für das Kind Verantwortung getragen haben.

Wie gesagt: Wenn Petra und Christoph vernünftig sind, einigen sie sich untereinander. Wenn nicht, wenn zum Beispiel Petra von der Trennung so verletzt ist, dass sie mit Christoph überhaupt nichts mehr zu tun haben will und ihm auch Kathrin nicht überlassen will, dann kann Christoph beim Familiengericht einen Antrag auf Regelung des Umgangs stellen. Das Gericht wird sich die Sache anschauen und entscheiden. Eine gängige Regelung wäre zum Beispiel: Kathrin kommt jedes zweite Wochenende zu Christoph, außerdem zwei Wochen am Stück in den Sommerferien. (Wenn Christoph knickerig ist, könnte er übrigens das Geld, das er in dieser Zeit für Kathrin ausgibt, vom Kindsunterhalt an Petra abziehen – die Juristen sagen, er leistet in dieser Zeit den Unterhalt »in Natur«. (Fälle, in denen der Vater der Mutter den Unterhalt jeden Monat in bar vorbeibringt und jeden Hamburger und jeden Radiergummi von der Gesamtsumme abzieht, sind mir persönlich bekannt. Ich finde das aber zumindest merkwürdig.)

Und wenn Kathrin Christoph gar nicht sehen will? Weil nämlich Petra immer so traurig ist, wenn sie am Freitag abgeholt wird oder wenn Kathrin erzählt, was sie mit ihrem Papa gemacht hat? Kathrin hat nicht nur das Recht, sondern auch die Pflicht, ihren Vater zu sehen. Petra müsste also dafür sorgen, dass die Tochter gerne hingeht und keine Schuldgefühle hat, weil die Mama traurig ist.

Wenn sich Petra nicht an die Umgangsregelung hält, hat Christoph zwei Möglichkeiten: Zunächst kann er sich ans Jugendamt wenden. Die Mitarbeiter dort werden versuchen, zwischen den beiden zu vermitteln und Petra klar zu machen, wie wichtig der Vater für Kathrin ist. Ist sie immer noch nicht einsichtig, bleibt wieder der Gang zum Familiengericht. Auch dort wird erst versucht werden, die Angelegenheit gütlich zu lösen. Erst wenn das nicht funktioniert, gibt es härtere Maßnahmen: Das Umgangsrecht kann »vollstreckt« werden, das heißt: Der Gerichtsvollzieher kommt vorbei und sorgt dafür, dass Kathrin zu ihrem Vater darf. In allerletzter Konsequenz kann »Umgangsverweigerung« Petra sogar das Sorgerecht für Kathrin kosten.

Das waren also die wichtigsten Regelungen des Bürgerlichen Rechts. Natürlich gibt es im BGB noch Hunderte andere Paragraphen, die Tausende andere Dinge regeln, von den unzähligen Einzelgesetzen ganz zu schweigen. Wir wollen es aber dabei nun bewenden lassen und uns dem nächsten Thema zuwenden, dem Verwaltungsrecht. Zunächst aber, zum Entspannen sozusagen, eine kleine Abschweifung: Warum versteht man nie, was Juristen eigentlich meinen?

Wie Juristen reden

»Wer es unterlässt, einen Erfolg abzuwenden, der zum Tatbestand eines Strafgesetzes gehört, ist nach diesem Gesetz nur dann strafbar, wenn er rechtlich dafür einzustehen hat, dass der Erfolg nicht eintritt, und wenn das Unterlassen der Verwirklichung des gesetzlichen Tatbestandes durch ein Tun entspricht.«

Alles klar? Das ist der Paragraph 13 des Strafgesetzbuches, und wer ihn beim ersten Lesen versteht, der hat kein Herz. Dieses Kapitel soll sich aber nicht mit dem Straftatbestand des »Begehens durch Unterlassen« beschäftigen – darum geht es nämlich in diesem Paragraph 13 –, sondern vielmehr mit einem Ärgernis, mit einer Absurdität, mit einer Komik: Warum Juristen so reden, wie sie reden, und, schlimmer noch, warum sie so schreiben, wie sie schreiben.

Ein Ärgernis? Sicher. Wer jemals versucht hat, einen Steuerbescheid zu verstehen, eine Stromrechnung oder auch nur die Beförderungsbedingungen der städtischen U-Bahn, der wird sich am Kopf gekratzt und gefragt haben: Wer denkt sich so was aus? An einem Seiteneingang der Münchner Universität hängt ein Schild, auf dem steht:

»Der Salinenhof steht der Allgemeinheit während der Öffnungszeiten zur Verfügung. Auf den Verkehrsflächen gelten das Straßenverkehrsgesetz und die Straßenverkehrsordnung. Der Freistaat Bayern beschränkt hierfür seine Haftung bei Schäden auf Vorsatz und grobe Fahrlässigkeit.«

Bedeuten soll das wohl: Der Hof ist offen, wenn er offen ist. Es soll zugehen wie auf einer öffentlichen Straße. Und der Freistaat, der Besitzer, haftet für Schäden nur, wenn man ihm nachweisen kann, dass er Schuld hat. Aber wie ist das gesagt! Juristen, vor allem, wenn sie Gesetzestexte schreiben, Verordnungen oder eben Schilder an Hofeinfahrten, Juristen unterliegen dem Wahn, alles und jedes definieren zu müssen, in jeder Formulierung jeden Einzelfall mit einzuschließen und – mehr noch – jeden Einzelfall auszuschließen, der gerade nicht gemeint ist. Deshalb wird die Kuh zur »Großvieheinheit«: Es könnte ja auch sein, dass ein Bison unter das Gesetz fällt, ein Wisent oder ein Yak. Wenn aber nur die Kuh im Gesetz steht, dann ist auch nur die Kuh gemeint, und der Yak ist fein raus. Wenn es um Menschen geht und darum, wie sie ihre Steuern zu bezahlen haben, dann darf eben nicht von »Menschen« die Rede sein oder von »Erwachsenen« oder meinetwegen von »Arbeitnehmern«. Denn ein Mensch ist auch das Baby, es muss aber keine Steuern zahlen (es sei denn, es hat zum Beispiel Vermögen). Ein Erwachsener ist der Arbeitslose, der normalerweise ebenfalls keine Steuern zahlt. Und sogar ein Arbeitnehmer geht eventuell steuerfrei aus. Also mag der Jurist diesen Begriff in diesem Fall auch nicht. Nein, die Menschen, die Steuern zahlen, müssen »Steuerpflichtige« heißen, diese Formulierung allein gewährleistet, dass alle drin sind, die gemeint waren, und dass alle draußen bleiben, die nicht dazugehören.

Das ist natürlich eine Illusion – denn gerade wegen des Anspruchs auf Allgemeingültigkeit kann der Beamte, der im Ministerium den Text eines Gesetzes formulieren muss, nie jeden einzelnen aller möglichen Einzelfälle vorausdenken. Und wenn dann so ein Einzelfall auftaucht, bei dem man darüber streiten kann, ob dieses oder jenes Gesetz auf ihn zutrifft, dann müssen die Gerichte ran und klären, was – zum Beispiel – eine Eisenbahn ist:

»Ein Unternehmen, gerichtet auf wiederholte Fortbewegung von Personen oder Sachen über nicht ganz unbedeutende Wegstrecken auf metallener Grundlage, welche durch ihre Konsistenz, Konstruktion und Glätte den Transport großer Gewichtsmassen, beziehungsweise die Erzielung einer verhältnismäßig bedeutenden Schnelligkeit der Transportbewegung zu ermöglichen bestimmt ist, und durch diese Eigenart in Verbindung mit den außerdem zur Erzeugung der Transportbewegung benutzten Naturkräften (Dampf, Elektricität, thierischer oder menschlicher Muskeltätigkeit, bei geneigter Ebene der Bahn auch schon der eigenen Schwere der Transportgefäße und deren Ladung u. s. w.) bei dem Betriebe des Unternehmens auf derselben eine verhältnismäßig gewaltige (je nach den Umständen nur in begrenzter Weise nützliche) oder auch Menschenleben vernichtende und die menschliche Gesundheit verletzende Wirkung zu erzeugen fähig ist.«

Was für ein Ungetüm! 16 Zeilen in der Typographie dieses Buches, 115 Wörter, und dabei noch nicht einmal ein richtiger Satz, denn er hat kein Prädikat, also kein Verb, das zeigen würde, dass da wirklich eine Lok fährt. Zwar ist der Satz schon mehr als 100 Jahre alt, geschrieben vom Reichsgericht 1879. Aber immer noch schreiben Juristen so, und wenn man genau hinschaut, dann ist es höchste Eisenbahn, die Definition da oben neu zu fassen: Was ist mit den Magnetschwebebahnen, von denen 1879 noch niemand etwas wusste?

Wer ein bisschen in Gesetzen schmökert, alten und neuen, dem wird auffallen: Die grundsätzlichen Dinge sind immer in einfachen Sätzen geregelt:

»Die Würde des Menschen ist unantastbar.« (Grundgesetz)
»Du sollst nicht töten.« (Zehn Gebote)
»Tiere sind keine Sachen.« (Bürgerliches Gesetzbuch)
»Wenn ein Mann einen Mord begeht, muss dieser Mann getötet werden.« (Codex Urnammu, 2100 v. Chr.)

Kompliziert wird es immer dann, wenn Juristen versuchen, die Ausnahmen von der Regel zu fassen, zu erklären, wie etwas gemeint ist und wie es vielleicht nicht gemeint ist – dann verstricken sie sich in eine Abstraktion, die niemand mehr versteht, manchmal denkt man: nicht einmal sie selbst.

Lässt sich da was machen? Schwierig. Denn die Sprache der Juristen hat nicht nur diesen – wenigstens gut gemeinten – Zweck, die Regeln, die die Gesellschaft sich gibt, allgemeingültig und allumfassend zu formulieren. Ebenso sicher ist sie die Geheimsprache einer Zunft, und wie jede Geheimsprache hat sie in erster Linie einen Grund: sich abzugrenzen gegen die, die nicht dazugehören.

Wenn Seeleute lieber »backbord« und »steuerbord« sagen als »links« und »rechts« ist das ihre Sache. Dass Jäger, wenn sie unter sich sind, den Schwanz des Fuchses »Rute« nennen – egal. Junge Leute in allen Generationen suchen sich Wörter, die sie für sich exklusiv benutzen – das kann man geil finden, krass, cool oder ends-irgendwas: Gruppen suchen sich einen Jargon, den nur sie verstehen, und das ist ja auch ganz in Ordnung. Wenn es jedoch um Gesetze geht, um die Regeln, die das Zusammenleben der Menschen bestimmen – sollte man dann nicht Formulierungen erwarten, die jeder verstehen kann?

Gewagte These: Juristendeutsch ist undemokratisch. Denn nur wenn die Bürger wissen, was erlaubt und was verboten ist, was von ihnen erwartet wird und was sie vom Staat erwarten können, nur dann sind sie in der Lage, ihre Rechte wahrzunehmen, teilzunehmen am Staat. Ein Beispiel, das nicht mit Sprache, sondern eher etwas mit Mechanik zu tun hat: Als George W. Bush im Jahr 2000 zum amerikanischen Präsidenten gewählt wurde, da waren im Bundesstaat Florida merkwürdige Wahlmaschinen eingesetzt – die Leute machten nicht mehr einfach ein Kreuz vor den Namen ihres Favoriten, sondern sie mussten den Wahlzettel mit einem Apparat perforieren. Das klappte nicht besonders gut, und weil in Florida – des milden Klimas wegen – viele ältere Menschen leben, ging eine Menge schief: Die Leute verstanden nicht, was sie tun sollten, und deshalb konnten sie ihr demokratisches Recht auf Wahl nicht so wahrnehmen, wie es hätte sein sollen.

Gibt es eine Lösung? Kein Grund zum Optimismus. Denn das Rechtssystem entwickelt sich seit den alten Römern, seit den alten Griechen, seit den Babyloniern und den Ägyptern; es verästelt sich seitdem, spezifiziert sich und wird dadurch naturgemäß immer komplizierter. Vielleicht könnten die praktizierenden Juristen, die Anwälte, die Verwaltungsbeamten, sogar die Polizisten einen Beitrag leisten, indem sie den Jargon verweigern: Wenn jemand einen Unfall hatte und ins Krankenhaus muss, dann besteht keine Notwendigkeit, ihn dorthin »verbringen« zu lassen. Es gibt schönere Wörter als »Verbescheidung« für den einfachen Vorgang, dass jemand einen Brief schreibt. Und der Richter, der den Angeklagten auffordert, doch nun mal zu erzählen, der muss auch nicht unbedingt sagen: »Sie haben nun die Gelegenheit zu Ihrer Einlassung.« Arthur Schopenhauer schreibt: »Man gebrauche gewöhnliche Worte und sage ungewöhnliche Dinge.«

Der Paragraph 13 StGB vom Beginn dieses Kapitels ist übrigens recht einfach, wenn er in normales Deutsch übersetzt wird: Wenn jemand die Pflicht hat, eine Tat zu verhindern, dann muss er das auch tun. Sonst wird er wie ein Täter bestraft. Der Bademeister hat die Pflicht, einen Nichtschwimmer zu retten, der ins Wasser gefallen ist. Tut er es nicht, kann er wegen Totschlags bestraft werden. Der Badegast, der den Ertrinkenden bemerkt, muss zwar grundsätzlich auch helfen. Er wird aber, wenn er wegschaut, nur wegen unterlassener Hilfeleistung bestraft. Der Erfolg, von dem im Gesetz die Rede ist, ist nebenbei purer Jargon: Erfolg wäre, wenn der Nichtschwimmer ertrinkt.

Zum Schluss nach all der Schelte noch etwas Versöhnliches: Ab und an lässt sich juristischer Jargon mit Vergnügen und Gewinn in den Alltag überleiten. Im Zivilprozess sagt der Anwalt, wenn er einen Sachverhalt der Gegenseite nicht glaubt, der Sachverhalt werde »mit Nichtwissen bestritten«. Dann muss der andere Anwalt die Tatsache beweisen, indem er ein Dokument vorlegt, einen Zeugen benennt, was auch immer. Sagt meine Freundin demnächst zu mir: »Du weißt doch, dass ich dich liebe« – dann werde ich künftig immer antworten: »Wird mit Nichtwissen bestritten.« Und dann soll sie mir's beweisen.

Verwaltungsrecht

Die Herren vom Amt

In einer Demokratie tritt der Bürger dem Staat gleichberechtigt gegenüber – mehr noch: Eigentlich ist der Bürger ja der »Chef« des Staats, der Souverän. Das kommt einem nicht immer so vor, wenn man mit einem Amt zu tun hat, und wirklich, in manchen Dienststellen scheinen auch heute noch Beamte zu sitzen, die sich als »Obrigkeit« verstehen, als Hüter einer Ordnung, die gegen den Bürger in erster Linie verteidigt werden muss.

Richtig ist allerdings, dass Beamte oder Verwaltungsangestellte sich an ihre Vorschriften halten müssen, und das sind vor allem die Gesetze. Bei allem Ärger über manchen sturen Sachbearbeiter ist das ein großer Vorteil: Denn sie entscheiden – oder sollten entscheiden – nicht danach, ob ihnen die Nase des Menschen gefällt, der ihnen da gegenübersitzt, sondern ob die Gesetze es erlauben, sein Anliegen zu genehmigen.

Unzweifelhaft: Regelungen sind notwendig. Was würde geschehen, wenn es etwa keine Bauvorschriften gäbe? Was, wenn der Straßenverkehr nicht geregelt wäre? Wenn nirgendwo stehen würde, dass die Küche eines Gasthauses sauber zu sein hat und dass das Gasthaus geschlossen werden kann, wenn die Kakerlaken hinter dem Herd Partys feiern? Wäre es wünschenswert, dass Lehrer in der Schule selbst entscheiden, was ihre Schüler zu lernen haben, so dass am Ende die einen zwar sehr gut Latein, aber überhaupt nicht Mathe können, während die anderen meistens auf dem Fußballplatz waren, weil ihr Lehrer fand, Geschichte sei nicht so wichtig?

Nein, das ist schon gut so, und dass die Verwaltungen heute selbst einsehen, dass sie zu viel verwalten und der Bürger oft nicht mehr verstehen kann, was von ihm warum verlangt wird, das könnte auf jeden Fall ein Schritt in die Richtung sein, die der Graf Montesquieu gemeint hat, und er hat gesagt: Wenn es nicht nötig ist, ein Gesetz zu erlassen, dann ist es nötig, keines zu erlassen.

Wenn die Verwaltung einen Akt macht

So lange alles glatt geht, bemerkt man die Gesetze des Verwaltungsrechts kaum: Man geht zum Einwohnermeldeamt, beantragt einen Personalausweis, hat alle Unterlagen und ein Foto dabei, zahlt die Gebühr, wartet ein paar Wochen – und schon ist der neue Ausweis da. (Nebenbei: Es stimmt übrigens nicht, dass jedermann jederzeit seinen Personalausweis bei sich haben muss. Jedermann muss einen besitzen, das schon. Aber er kann genauso gut zu Hause liegen. Wenn man allerdings in die Verlegenheit kommt, sich ausweisen zu müssen, dann kann die Polizei mit zur Wohnung kommen und den Ausweis anschauen. Möchte man das nicht – mitnehmen.)

Aber was geschah, bis der neue Ausweis auf dem Tisch lag? Ein Verwaltungsakt. Ein Verwaltungsakt ist, so sagt es das Verwaltungsverfahrensgesetz, »jede Verfügung, Entscheidung oder andere hoheitliche Maßnahme, die eine Behörde zur Regelung eines Einzelfalls auf dem Gebiet des öffentlichen Rechts trifft und die auf unmittelbare Rechtswirkung nach außen gerichtet ist«. Dieser Satz verdient es, genauer angeschaut zu werden.

»Auf dem Gebiet des öffentlichen Rechts«: Es kommt ja auch vor, dass eine Stadtverwaltung nicht als Behörde auftritt, sondern als juristische Person, also wie ein Unternehmen – wenn sie zum Beispiel Papier für die Drucker in den Büros kauft. Dann bewegt sie sich nicht im öffentlichen, sondern im Zivilrecht. Das heißt: Wenn der Verkäufer sich beschummelt fühlt, würde er nicht vor dem Verwaltungsgericht, sondern vor dem Zivilgericht klagen.

»Unmittelbare Rechtswirkung nach außen«: Es muss ein Bescheid ergangen, also dem Bürger eine Entscheidung offiziell mitgeteilt worden sein. Wenn der Bürger einen Bauantrag gestellt hat und hintenrum hört, dass das Bauamt der Stadt mit seinem Plan nicht einverstanden ist, dann kann er dagegen noch gar nichts machen; sondern er muss warten, bis der Antrag abgelehnt ist. Dazu gehört ein weiterer Paragraph, dieses Mal aus der Verwaltungsgerichtsordnung: »Soweit gesetzlich nichts anderes bestimmt ist, ist die Klage nur zulässig, wenn der Kläger geltend macht, durch den Verwaltungsakt (...) in seinen Rechten verletzt zu sein.« Das heißt: Wenn das Amt meinen Bauantrag ablehnt, dann kann nicht mein Onkel dagegen klagen; das muss und kann nur ich machen.

Ohne Antrag geht das nicht

Wie entsteht überhaupt ein Verwaltungsakt? Zunächst: Der Bürger will etwas. Einen Personalausweis ausgestellt bekommen, ein Haus bauen, BAföG beziehen, einen Ententeich anlegen, ein Auto zulassen, für sein Kind einen Platz in einem städtischen Kindergarten erhalten. Er geht zu dem zuständigen Amt und stellt einen Antrag. Der Beamte prüft die Angaben: Ist der Antragsteller Deutscher (wenn er einen Ausweis will)? Entspricht der Plan den Bauvorschriften (wenn es um ein Haus geht)? Wie viel verdienen der Antragsteller und seine Eltern (wenn er BAföG beantragt)? Und so weiter. Danach schreibt der Beamte einen Bescheid, in dem die Entscheidung mitgeteilt wird. Wenn alles gut geht, ist die Sache damit geregelt und beendet. Wenn nicht, also wenn der Antrag abgelehnt wird, beginnt der Rechtsweg – zunächst mit einem Widerspruch: Der Antragsteller erklärt, dass er mit dem Bescheid nicht einverstanden ist und eine Überprüfung verlangt. Das ist noch kein Gerichtsverfahren, die Sache wird amtsintern noch einmal angeschaut. Erst wenn auch hier ablehnend »verbeschieden« wird (eines der hässlichsten Wörter, die die Beamtensprache erfunden hat), kann der Bürger dagegen klagen, im Normalfall vor einem Verwaltungsgericht.

Dort hat er zwei Möglichkeiten.* Er kann auf die Aufhebung des Verwaltungsaktes klagen; das nennt sich Anfechtungsklage. Das käme zum Beispiel in Frage, wenn die Lebensmittelkontrolle die Schließung eines Gasthauses entschieden hat: Der Wirt will nicht mehr, als seine Kneipe wieder aufsperren. Wenn ein Kläger aber nicht nur die Aufhebung des Bescheids haben möchte, sondern einen ganz anders lautenden, dann wird er eine Verpflichtungsklage einreichen, was etwa der Fall sein könnte bei einem abgelehnten Bauvorhaben: Da will er ja nicht nur den ablehnenden Bescheid aufgehoben haben, sondern die Genehmigung, sein Haus zu bauen.

* Je nachdem, ob die Behörde von sich aus tätig geworden ist oder ob er einen Antrag gestellt hat.

Herr Huber baut eine Garage

Alles klar so weit? Dann können wir uns ein Beispiel ansehen, ein Klassiker wie so oft, dieses Mal zitiert vom Jura-Professor Uwe Wesel in seinem Buch ›Fast alles, was Recht ist‹ (Ich habe mir nur erlaubt, die in der Juristenausbildung gebräuchlichen Kürzel für Personen N1, N2, E für Eigentümer durch echte Namen für echte Menschen zu ersetzen):

»Meier und Müller sind mit ihren Einfamilienhäusern Nachbarn des Eigentümers Huber, dem das dazwischen liegende Grundstück gehört. Sie wohnen in einer Gemeinde mit so genannter offener Bauweise. Das bedeutet, dass die Häuser nicht wie in der Stadt mit geschlossener Straßenfront gebaut werden dürfen. Es müssen Grenzabstände eingehalten werden, die in dieser Gemeinde drei Meter zur Grenze des Nachbarn betragen. Huber hat nun von der Baubehörde die Genehmigung für den Bau eines Hauses erhalten, das mit der Garage bis an die Grenze mit dem Grundstück des Meier gebaut werden soll. Ausnahmen sind nach der Bauordnung zwar möglich, aber nur bis zu einer Höhe von drei Metern. Die Garage des Huber war dagegen mit einer Höhe von vier Metern genehmigt worden. Meier und Müller klagen vor dem Verwaltungsgericht gegen die Baugenehmigung.«

Es baut also Huber ein Haus und rückt dem Nachbarn zur Linken mit einer vier Meter hohen Garage bis an die Grundstücksgrenze auf den Pelz. Das Bauamt hat das genehmigt, obwohl offenbar seine eigenen Vorschriften dagegensprechen. Der Verwaltungsakt, also die Genehmigung, ist gegenüber dem Bauherrn Huber ergangen. Aber auch Meier ist durch den Verwaltungsakt »in seinen Rechten verletzt«, denn er hat ein Recht darauf, dass ihm das Nachbarhaus nicht die Sonne wegnimmt. Dem Nachbarn Müller hingegen wird nichts weggenommen, die Garage grenzt ja nicht an sein Grundstück. Folglich: Meier kann klagen, Müller nicht – auch wenn er die vier Meter hohe Garage noch so hässlich findet.

Behörden mit Geschmack

Was aber, wenn Huber nicht eine Garage bauen will, sondern ein farbenfrohes Haus mit Ecken, Kurven und Kanten, die eine Hauswand rosa und die andere grün, die Fenster irgendwie asymmetrisch über alle Flächen verteilt? Dann wird es schwierig. Denn in vielen Fällen haben die Behörden einen Ermessensspielraum. Zunächst einmal prüfen sie, ob alle einschlägigen Vorschriften eingehalten worden sind, also Abstandsflächen, Anbindung an die Kanalisation, Wegerechte usw. Wenn das alles korrekt konstruiert ist, gibt es keinen Ausweg: »Die Baugenehmigung ist zu erteilen, wenn das Vorhaben den öffentlich-rechtlichen Vorschriften entspricht.«

»Ist zu erteilen« bedeutet in diesem Fall: muss erteilt werden.

Dann gibt es aber noch eine weitere Vorschrift in der Bauordnung: »Bauliche Anlagen müssen nach Form, Maßstab, Verhältnis der Baumassen und Bauteile zueinander, Werkstoff und Farbe so gestaltet sein, dass sie nicht verunstaltet wirken.«

Verunstaltet. Also hässlich. Wer entscheidet das? Zunächst einmal der Sachbearbeiter im Bauamt. Der Bauherr kann nur hoffen, dass der ein Anhänger von Friedensreich Hundertwasser ist, der solche Sachen immer wieder entworfen und gebaut hat. Wenn nicht, wenn der Plan abgelehnt wird, dann kann er – auf dem üblichen Rechtsweg – dagegen vorgehen. Und hoffen, dass er am Verwaltungsgericht auf kunstsinnigere oder unbedarftere Richter trifft.

Zu sehr ins Detail wollen wir beim Verwaltungsrecht nicht gehen, denn es ist unglaublich breit gefächert und kompliziert. Aber zwei Bereiche werden wir jetzt noch herausgreifen, die im täglichen Leben interessant und wichtig sind: Das Jugendschutzgesetz und die Regelungen über Alkohol im Straßenverkehr.

Alkohol am Steuer

Lustiges Fest, draußen im Wald, viel Bier gibt es und eine Flasche Schnaps auch noch. Spät am Abend ist die Party zu Ende – und man muss irgendwie heimkommen aus dem Wald. Paul sagt: »Kannu fahren«, aber dass das keine so gute Idee ist, sehen alle. Wann aber darf man sich noch ans Steuer setzen? Es gibt klare Grenzen für Alkohol am Steuer, und die Polizei kennt da, wenn sie jemanden erwischt, zu Recht kein Pardon.

Wie lange dauert ein Rausch?

Für die Fahrtüchtigkeit ist der eigene, subjektive Eindruck überhaupt nicht ausschlaggebend, im Gegenteil: Wenn jemand nach acht Bieren noch völlig nüchtern wirkt, dann sehen die Gerichte das eher als Beweis für die Gewöhnung an Alkohol und urteilen eher härter: Wer mit 1,6 Promille am Steuer erwischt wird, aber beteuert, er trinke eigentlich nie, den werden die Richter auslachen – ein Antialkoholiker wäre da schon längst im Koma. Der Alkoholgehalt im Blut hängt ab von Alter und Körpergewicht – und vom Geschlecht: Um auf den gleichen Promillewert (Blutalkoholkonzentration) zu kommen, genügt Frauen eine etwas geringere Trinkmenge als Männern. Wenn mit dem Trinken aufgehört wird, baut der Körper durchschnittlich 0,1 Promille pro Stunde ab. Das ist aber nur ein Richtwert. Und er bedeutet auch: Wer sich nach einem Abend Kampftrinken und vier Stunden Schlaf ins Auto setzt, hat sicher noch mehr Promille als erlaubt und kann deshalb richtig Schwierigkeiten bekommen, wenn er in eine Polizeikontrolle gerät.

Ein Bier kann schon zu viel sein

Die unterste Grenze liegt bei 0,3 Promille, das kann schon nach einem halben Liter Bier erreicht sein. Da ist Autofahren noch nicht verboten – so lange nichts passiert. Aber wer zum Beispiel einen Unfall baut oder auch nur irgendwie auffällt, durch Schlangenlinien oder weil er einen Bordstein rammt, der kann auch da schon mit einem Fahrverbot von vier Wochen und einer Geldbuße belegt werden. Ab 0,5 Promille wird es richtig ernst: Wer kontrolliert wird, ist auf jeden Fall den Führerschein los und zahlt, auch wenn er völlig sicher fährt. Und 0,5 Promille, da darf man die dritte Halbe Bier schon nicht mehr trinken. 1,1 Promille ist die Grenze zur absoluten Fahruntauglichkeit – wer so viel ins Röhrchen pustet, dessen Führerschein wird entzogen. Das heißt: Er bekommt ihn nicht nach einer bestimmten Zeit automatisch wieder zurück, sondern muss ihn neu beantragen. Und: Er hat eine Straftat begangen! Kommt also nicht mit einem Bußgeld davon, sondern bekommt es mit dem Staatsanwalt zu tun und die Strafe wird ins Bundeszentralregister eingetragen. Höchstwahrscheinlich muss der Fahrer sogar zur medizinisch-psychologischen Untersuchung, abgekürzt MPU, im Volksmund »Idiotentest«, und dabei nachweisen, dass er seine Trinkgewohnheit als Problem erkannt und sich damit auseinander gesetzt hat. Ab 1,6 Promille ist die MPU auf jeden Fall verpflichtend. Also, wenn es ein tolles Fest im Wald gibt: Immer mit dem Taxi heimfahren. Oder einfach nicht so viel trinken.

Jugendschutzgesetz

»Immer dürfen alle anderen viel länger wegbleiben als ich!« Diesen Kampf müssen die meisten Jugendlichen mit ihren Eltern ausfechten: Wenn das Interesse am abendlichen Ausgehen erwacht, finden die Kinder natürlich stets, dass sie gerade dann nach Hause müssen, wenn es am schönsten ist, während die Eltern der Meinung sind, das müsse ja wohl reichen, bis zehn. Eine Lösung bietet das Jugendschutzgesetz, das früher einmal »Gesetz zum Schutze der Jugend in der Öffentlichkeit« hieß. Mit diesem Titel war auch gleich klar, worum es geht: Es geht nicht um die private Party, nicht um das Grillfest im Garten eines Freundes. Da haben immer noch die Eltern das letzte Wort. Das Jugendschutzgesetz regelt, was Kinder und Jugendliche an öffentlich zugänglichen Plätzen tun dürfen, und vor allem: wie lange sie sich dort aufhalten dürfen. Wie schon in anderen Vorschriften gilt auch hier grundsätzlich die Unterscheidung: Unter 14 Jahren ist man Kind, von 14 bis 18 Jahren ein Jugendlicher. Daneben spielt im Jugendschutzgesetz die Grenze von 16 Jahren noch eine Rolle.

Der Wirt ist der Böse

Wichtig ist: Die Vorschriften des Gesetzes richten sich nicht gegen die Kinder und Jugendlichen. Garanten der Verbote, also Personen, die auf ihre Einhaltung zu achten haben, sind in erster Linie die Anbieter von Veranstaltungen – also Wirte, Party-Veranstalter, Kinobetreiber und Ähnliche. Beim Kino ist es am einfachsten: Jeder neue Film wird von der »Freiwilligen Selbstkontrolle der Filmwirtschaft« (FSK) überprüft und erhält dann eine so genannte FSK-Freigabe: Frei ab 0 Jahren, ab 6 Jahren, ab 12 Jahren, ab 16 Jahren, ab 18 Jahren. Der Kinobetreiber muss an der Kasse kontrollieren, ob die Besucher dieses Mindestalter einhalten. Wenn die in Zweifelsfällen ihr wahres Alter nicht belegen können, zum Beispiel durch einen Ausweis, darf er sie nicht hineinlassen. Noch einmal: Den Verstoß gegen die Vorschrift begeht nicht der Besucher, sondern der Kinobetreiber. Deshalb haben die Kassierer auch ziemlich fiese Tricks auf Lager: »Wie alt bist du denn?« – »16!« – »Aha. Und in welchem Jahr bist du geboren?« – »Äähhh …«

»Aber mein Bruder ist doch dabei …«

Nun zu den Gaststätten. Dazu müssen wir zunächst zwei Begriffe aus dem Gesetz erklären. Das eine ist das Wort »personensorgeberechtigt«. Das sind, ganz vereinfacht gesagt: die Eltern. Der zweite Begriff heißt »erziehungsbeauftragt«. Darunter fallen zum Beispiel Lehrer, Betreuer von Jugendgruppen, der Pfarrer während eines Ministranten-Zeltlagers – also Menschen, in deren Obhut die Eltern ihre Kinder für eine bestimmte Zeit gegeben haben. Eine erziehungsbeauftragte Person muss immer volljährig sein – und sie muss notfalls die Beauftragung auch nachweisen können, etwa durch eine Vollmacht der Eltern.

»Der Aufenthalt in Gaststätten darf Kindern und Jugendlichen unter 16 Jahren nur gestattet werden, wenn sie eine personensorgeberechtigte oder erziehungsbeauftragte Person begleitet.« Das ist der erste Satz des Paragraphen 4 des Jugendschutzgesetzes. Einfach, oder? Wer noch nicht 16 ist, darf nur in die Kneipe, wenn Papa oder Mama dabei sind. Jetzt die Ausnahmen. Zwischen fünf Uhr morgens und 23 Uhr abends dürfen auch unter 16-Jährige sich in einer Gaststätte aufhalten, wenn sie »eine Mahlzeit oder ein Getränk einnehmen«. Aufgepasst: Es heißt »*eine* Mahlzeit« und »*ein* Getränk«. Noch eine Cola und noch einen Tee und noch einen Baki, das ist nicht »*ein* Getränk«. Und um 23 Uhr ist auf jeden Fall Schluss. Zweite Ausnahme: Unter 16-Jährige dürfen sich in Gaststätten aufhalten, wenn sie sich »auf Reisen befinden«. Ein Reisender ist zum Beispiel auch ein Fahrschüler, der jeden Tag eine Stunde auf den Zug in seine Heimatstadt warten muss. Der darf sich durchaus in die Bahnhofsgaststätte setzen und dort auch mehr als ein Getränk konsumieren. Dritte Ausnahme: Wenn die Veranstaltung von einem »anerkannten Träger der Jugendhilfe« veranstaltet wird. Das sind kirchliche oder andere Jugendverbände, der Kreisjugendring etwa.

Eine Stunde mehr

Dann endlich ist der 16. Geburtstag geschafft. Nun dürfen die Jugendlichen, wenn sie ohne Eltern unterwegs sind, wirklich bis 24 Uhr ausbleiben. Eine ganze Stunde mehr! Dafür lohnt sich das Älterwerden, nicht?

Was ist das eigentlich, eine Gaststätte? Einfacher zu

erklären, was es nicht ist. Wer Milch, Milcherzeugnisse oder alkoholfreie Milchmischgetränke verkauft, wer alkoholfreie Getränke aus Automaten anbietet, wer in einem Ladengeschäft ein paar Stehtische aufstellt (wichtig: keine Sitzgelegenheiten!), der braucht, etwas verkürzt gesagt, keine Gaststättenerlaubnis, denn er betreibt keine Gaststätte. Das heißt: Der Bäcker um die Ecke, die Metzgerei mit ihrer Imbissecke und Ähnliches sind vielleicht nicht immer die gemütlichsten Fleckchen, über das Jugendschutzgesetz brauchen sich Kinder und Jugendliche dort jedoch keine Gedanken zu machen.

Ist ein Internetcafé ein Café?

Eine Ausnahmemöglichkeit hat der Gesetzgeber für Internetcafés geschaffen. Die sind zwar eigentlich wieder Gaststätten. Wenn sie aber nachweisen, dass sie eine angemessene Aufsicht führen, dass sie also aufpassen, wohin ihre jugendlichen Gäste denn so surfen, dann können für sie diese Bestimmungen des Jugendschutzgesetzes ganz oder teilweise aufgehoben werden.

Bislang haben wir nur von »normalen« Gaststätten gesprochen, also Wirtshäusern, Kneipen, Cafés. Dort ist sozusagen alles erlaubt, wenn die Eltern dabei sind. Anders ist das bei Tanzveranstaltungen, worunter auch die Diskothek und der Club fallen: Dort dürfen unter 16-Jährige ohne Eltern überhaupt nicht hinein (also auch nicht bis 23 Uhr), 16- und 17-Jährige müssen das Lokal spätestens um Mitternacht verlassen. Ausnahme: Wieder der Fall mit dem anerkannten Träger der Jugendhilfe, zudem, wenn die Veranstaltung »der künstlerischen Betätigung oder der Brauchtumspflege dient«. Dann dürfen Kinder – unbegleitet – bis 22 Uhr bleiben, Jugendliche unter 16 Jahren bis 24 Uhr. Da kann man nur sagen: Leute, lernt Schuhplatteln.

Um es noch mal zu sagen: Alle diese Vorschriften gelten für Veranstaltungen, die jedermann zugänglich sind. Ein Tanzfest zu Hause im Keller, eine Familienfeier, auch wenn sie im Nebenzimmer eines Gasthauses stattfindet, fallen nicht unter das Gesetz. Und sogar wenn bei einem Volksfest spontan getanzt wird, wird das Fest dadurch noch nicht zu einer Tanzveranstaltung.

Wir müssen draußen bleiben

Es gibt noch ein paar Bestimmungen darüber, welche Orte für Kinder und Jugendliche grundsätzlich verboten sind – egal in welchem Alter und egal zu welcher Uhrzeit. Das sind Spielhallen und Ähnliches sowie Nachtclubs und Nachtbars, also alles, was irgendwie unter den Begriff »Rotlicht« fallen könnte. Gleiches gilt für »jugendgefährdende Veranstaltungen«, ohne dass das Gesetz näher sagt, was darunter zu verstehen sei. Man könnte sich etwa so genannte Erotik-Messen vorstellen, wie sie gelegentlich von Stadthalle zu Stadthalle ziehen. Für sie könnte die Stadt oder der Landkreis – oder wer auch immer die Genehmigung erteilt – Altersbeschränkungen einführen. Diese gelten dann aber nur für die eine Veranstaltung. Wenn am nächsten Wochenende die gerade angesagte Boy Group ein Konzert gibt, dann ist die Stadthalle natürlich kein jugendgefährdender Ort mehr.

In einem Fall trifft ein Verstoß gegen die Jugendschutzbestimmungen die Jugendlichen selber – nämlich dann, wenn sie an »jugendgefährdenden Orten«

angetroffen werden. Das muss dann auch nicht mehr öffentlich zugänglich sein – eine Wohnung, in der Drogen konsumiert werden, der Treffpunkt einer Neonazi-Gang, das könnten jugendgefährdende Orte sein. Wenn die Polizei so etwas mitbekommt, schickt sie den Jugendlichen nicht einfach nach Hause, sondern bringt ihn zu den Eltern und schaut dabei gleich mal nach, wie denn die häuslichen Verhältnisse so sind. Wenn die Eltern nicht aufzutreiben sind, wird der Jugendliche dem Jugendamt übergeben.

Bitte ein Bier!

Das mit den Uhrzeiten und mit den Orten wäre nun geklärt. Die Clique – alle 15 Jahre alt – sitzt also an einem Freitagabend in einer Kneipe und unterhält sich. Was trinken die Freunde? Wenn es nach dem Gesetz geht: natürlich Cola, Saft, Tee oder Mineralwasser. Denn: An Kinder und Jugendliche dürfen »Branntwein« und »branntweinhaltige Getränke« nicht ausgeschenkt werden. Nun kommt Thomas hinzu, Biggis Bruder, er ist gerade 17 geworden und bestellt lässig ein Bier. Das darf er, denn 16- und 17-Jährigen ist es erlaubt, »andere alkoholische Getränke« zu konsumieren, also Bier, Wein, Sekt etc. Grundsätzlich gilt also: Unter 16 – überhaupt kein Alkohol. 16 und 17 – alkoholische Getränke, aber kein Schnaps. Paradoxerweise gilt das Schnapsverbot übrigens auch für Mischgetränke, die am Ende sogar weniger Alkohol enthalten als ein Glas Bier.

Bei Jugendlichen besonders beliebt sind die so genannten »Alkopops« – Schnapsverdünnungen mit viel Zucker und Fruchtgeschmack oder Ähnlichem. Sie fallen grundsätzlich unter den Begriff »branntweinhaltige Getränke« und sind deshalb für Jugendliche verboten. Weil der Konsum trotzdem nicht eingedämmt werden konnte, wurde auf die alkoholische Brause eine besondere Steuer erlassen, um sie teurer zu machen. Die Getränkehersteller haben darauf schnell reagiert: Jetzt mischen sie keinen Schnaps mehr bei, sondern Alkohol aus anderen Fertigungsverfahren, der von der neuen Steuer nicht erfasst wird. Besser wird die ganze Sache dadurch nicht – der Rausch kommt schnell und heftig, der hohe Zuckergehalt garantiert für den nächsten Morgen schreckliches Kopfweh.

Viel Rauch um nichts

Was gehört noch zum Erwachsensein? Rauchen, meinen viele – und viele Erwachsene, die das früher auch meinten, verfluchen sich heute dafür, weil sie es nicht schaffen aufzuhören. Das Gesetz ist hier knapp und eindeutig: Tabakwaren dürfen »an Kinder und Jugendliche unter 16 Jahren weder abgegeben noch darf ihnen das Rauchen gestattet werden«. Ja, aber die vielen Zigarettenautomaten, die überall herumhängen? Wer soll denn das kontrollieren? Für Automaten an allgemein zugänglichen Plätzen gilt derzeit, also im Jahr 2006, noch eine Übergangsfrist. Bis 1. Januar 2007 müssen sie so umgerüstet sein, dass die Bezahlung mit Bargeld nicht mehr möglich ist, sondern nur noch zum Beispiel mit einer Codekarte. Und wenn ein Jugendlicher eine solche Karte kaufen will, dann müsste ihn der Verkäufer fragen, ob er denn schon 16 ist. Wenn nicht, gibt es keine Karte. Ist auch gesünder.

Gerichtsshows und das Leben

Sewarion Kirkitadse, der in der Gerichtsshow mit Alexander Hold den Staatsanwalt gibt, ist im richtigen Leben ein recht ausgefuchster Strafverteidiger, den alle am Landgericht München I nur »Kirki« nennen. Treffpunkt im Justizgebäude an der Nymphenburger Straße ist die Cafeteria, und mehr als einmal musste sich Kirki wegen seiner Fernsehtätigkeit dort rechtfertigen. Auf alles, was er in solchen Diskussionen sagt, trifft zweierlei zu: Er hat Recht. Und er hat nicht Recht.

Er hat Recht, wenn er sagt, dass das doch Unterhaltung sei, dass die Fälle natürlich dramaturgisch aufgemotzt seien, dass die juristische Seite immer korrekt dargestellt werde. Dafür haben sich die Produzenten ja auch echte Juristen geholt, Alexander Hold ist im Hauptberuf wirklich Richter, Kirki, Stefan Lucas und Christian Vorländer sind Rechtsanwälte. Prozess-Eröffnung, Verlesung der Anklage, Einlassung des Angeklagten, Zeugenvernehmung, Plädoyers, Urteil: so weit alles korrekt.

Dennoch beklagen Richter, dass sie, seit diese Gerichtsshows im Fernsehen laufen, große Schwierigkeiten in der Prozessführung haben. Weil die Leute glauben, das laufe wirklich so ab. Dabei stimmt schon der Anfang nicht: Wenn der Angeklagte vernommen wird, sitzt er natürlich nicht auf dem Zeugenstuhl, sondern auf der Anklagebank bei seinem Verteidiger. Den Gerichtssaal wenigstens haben sie korrekt nachgebaut: Immer sitzt der Staatsanwalt am Fenster, immer der Angeklagte ihm gegenüber mit einer Mauer hinter sich – aus einem einfachen Grund: Damit er nicht fliehen kann. Nie jedoch wird der Richter es zulassen, dass Angeklagter und Zeugen sich gegenseitig beschimpfen. Dass herumgeschrien wird. Dass Verteidigung und Staatsanwalt diskutieren, wer wohl was verschweige. Und nie, nie, habe ich es erlebt, dass plötzlich während einer Verhandlung ein Privatdetektiv hereinstürzt und atemlos ruft: »Sandra! Man hat Sandra gefunden! Sie ist schwer verletzt!«

Es passiert einfach nicht, aus mehreren Gründen: Zum einen vergeht zwischen Verhaftung, Anklageerhebung und Prozessbeginn einige Zeit, während der jedes eventuelle Entführungsopfer lange gefunden wäre. Dann: Wenn das Opfer nicht gefunden ist – was soll der Staatsanwalt dann anklagen? Mord? Geiselnahme? Freiheitsberaubung? Der Fall muss ja erst aufgeklärt sein, bevor Anklage erhoben wird. Und dann sind die Ermittlungen meistens auch so weit abgeschlossen, dass unbekannte Zeugen, neue Tatsachen, überraschend auftretende Privatdetektive ... nein, es kommt nicht vor. Und dass der Richter die Verhandlung unterbricht, um an einem soeben erst bekannt gewordenen Tatort das Opfer persönlich zu retten, das ist völlig hanebüchen. Kurz gesagt: Das ist nicht sein Job.

Gerichtssendungen verbieten? Nein. Aber sich darüber klar werden, dass sie mit der Realität nur sehr wenig gemeinsam haben: Ein deutscher Strafprozess ist in den allermeisten Fällen eine sehr langweilige, formalistische Angelegenheit mit sehr wenigen Überraschungen. Das weiß übrigens auch Kirki, wenn er seriös als Verteidiger arbeitet. Dass er ab und zu in der Cafeteria blöd angeredet wird wegen seines Fernsehjobs – das geschieht ihm recht.

Das Strafrecht

In den Mühlen der Justiz

Bisher haben wir stets von Meinungsverschiedenheiten, Streitereien zwischen zwei – mehr oder weniger – gleichberechtigten Parteien gesprochen: Ein Bürger gegen einen anderen Bürger, ein Bürger gegen die Verwaltung oder sie gegen ihn. Im folgenden Abschnitt ist das grundlegend anders. Nun nämlich sagt die Justiz von sich aus: Du hast etwas getan, was nicht erlaubt ist, wir werden dich bestrafen. Ein Strafprozess und eine eventuell folgende Verurteilung ist der stärkste Eingriff in die Freiheit des Menschen; das Strafrecht gibt dem Staat die Möglichkeit, einen Täter für sehr lange Zeit, womöglich für immer, die Gelegenheit zu entziehen, sich entscheiden zu können. Strafgefangene berichten, das Entnervendste an der Haft sei der Verlust jeder Wahlmöglichkeit, die komplette Unterwerfung des Insassen unter die Regeln des Vollzugs. Großer Streit herrscht immer noch und immer wieder über die Frage, ob Gefängnis den Menschen denn überhaupt bessern könne – betrachtet man die Rückfallzahlen, also die Anzahl derjenigen, die nach verbüßter Strafe erneut kriminell werden, dann lässt sich diese Frage wohl getrost verneinen. Das Problem dabei: Etwas Besseres ist bislang noch niemandem eingefallen.

Am Anfang steht die Anzeige

Wie gerät ein Mensch in die Mühlen eines Strafverfahrens? Es beginnt mit einer Anzeige, die ein anderer gegen ihn erstattet: Der Herr Soundso hat das und das gemacht. Normalerweise geschieht das bei der Polizei. Doch der so genannte »Herr des Verfahrens«, der entscheidet, was zu tun ist, ist von Anfang an der Staatsanwalt. Polizisten sind stets nur seine »Hilfsorgane«, das heißt: Sie sichern Spuren, vernehmen Zeugen, nehmen Verdächtige fest, stets jedoch im Auftrag der Staatsanwaltschaft – außer sie ertappen einen Täter direkt bei der Tat.

Nach der Anzeige leitet der Staatsanwalt ein Vorermittlungsverfahren ein: Er schaut zunächst einmal nach, ob überhaupt was dran ist an dem Vorwurf. Wenn sich daraus ein »einfacher Tatverdacht« ergibt, dann beginnt das eigentliche Ermittlungsverfahren. Der Angezeigte heißt ab diesem Zeitpunkt »Beschuldigter«. Gelangt der Staatsanwalt zu dem Ergebnis, dass genügend Beweise vorliegen, um eine Verurteilung erreichen zu können, erhebt er Anklage und reicht sie bei dem zuständigen Gericht ein, was den bisherigen Beschuldigten zum Angeschuldigten macht. Der oder die Richter dort prüfen die Anklage zum einen nach formalen Punkten (Sind alle gesetzlichen Vorgaben eingehalten worden?), zum anderen auch sachlich: Der Staatsanwalt will einen Raub anklagen – entspricht das, was die Zeugen und der mutmaßliche Täter sagen, dem entsprechenden Paragraphen? Dass zum Beispiel die Unterscheidung zwischen einem Raub und einer räuberischen Erpressung oft gar nicht so leicht fällt, dazu später mehr. In den meisten Bundesländern werden 80 Prozent der Bürger, die der Staatsanwalt anklagt, auch verurteilt. Das hört sich zunächst nach sehr viel an, aber eigentlich zeigt es, dass den Staatsanwaltschaften daran gelegen ist, gründlich zu arbeiten und niemanden vor Gericht zu zerren, der sich dann später als unschuldig erweist.

Der Angeklagte und die Strafe

Wenn all diese Punkte erfüllt sind, lässt das Gericht die Anklage zu. Nun ist aus dem Angeschuldigten ein Angeklagter geworden. Nicht jeder Angeklagte aber muss wirklich im Gerichtssaal erscheinen: Bei kleineren Taten kann der Staatsanwalt einen Strafbefehl zum Beispiel über eine Geldstrafe beantragen. Stimmt der Richter zu, bekommt der Täter einen Brief, in dem steht, was er zu tun hat, zum Beispiel die Strafe zu bezahlen, und die Sache ist erledigt. Will er nicht zahlen oder ist die Tat zu schwer wiegend, dann kommt es zur öffentlichen Hauptverhandlung.

Welcher Richter passt zu mir?

Aber vor welches Gericht geht nun das Verfahren? Richtet sich das willkürlich danach, wer gerade Zeit hat? »Niemand darf seinem gesetzlichen Richter entzogen werden«, so steht es im Grundgesetz. Das heißt: Es gibt genau ein Gericht, das für mich und meine Taten zuständig ist, und nur in Ausnahmefällen kann ein Verfahren übergeben werden. Die Vergabe richtet sich zunächst nach der Schwere der Tat. Leichte Kriminalität, bei der höchstens eine Freiheitsstrafe von zwei Jahren zu erwarten ist, verhandelt ein Einzelrichter am Amtsgericht. Sind bis zu vier Jahre Freiheitsstrafe zu erwarten, werden ihm zwei Schöffen zur Seite gestellt. Schöffen sind Laien, die neben den Berufsrichtern am Prozess und an der Urteilsfindung mitwirken. Der Berufung in das Schöffenamt kann man sich nur schwer entziehen. Für vier Jahre werden sie bestimmt, sie müssen deutsche Staatsbürger und zwischen 25 und 70 Jahre alt sein. Zu den Verhandlungen, denen sie zugeteilt sind, muss ihr Arbeitgeber sie freistellen; dafür bekommen sie aus der Justizkasse, also vom Staat, den Verdienstausfall bezahlt. Das Schöffensystem hat nichts zu tun mit den Geschworenen, wie sie in amerikanischen Prozessen zu finden sind: Diese entscheiden alleine und ohne Mitwirkung von Juristen über Schuld oder Nichtschuld des Angeklagten, der hauptamtliche Richter setzt nur mehr das Strafmaß fest. Die Schöffen in Deutschland hingegen sind dem »Profi« gleichberechtigt, sie beraten mit ihm gemeinsam über Urteil und Strafe und können ihn dabei sogar überstimmen.

Schwerkriminalität wird beim Landgericht angeklagt – dort sitzen zwei bis drei Berufsrichter und zwei Schöffen. Schwerste Taten wie Mord gehen zum Schwurgericht, eine spezielle Kammer des Landgerichts, besetzt mit drei Berufs- und zwei Laienrichtern. Schwere Staatsschutzdelikte, wie etwa Terrorismus, werden vor dem Oberlandesgericht verhandelt, Besetzung: drei bis fünf Berufsrichter. Innerhalb der einzelnen Gerichte werden die Fälle zum einen nach Fachgebieten vergeben. Es gibt zum Beispiel spezielle Kammern für Wirtschaftsdelikte. Alles, was nicht von Spezialisten verhandelt werden muss, wird nach einem alphabetischen Schlüssel verteilt.

Flucht und Dunkelheit

Nun kann es dauern, denn die Staatsanwaltschaften in Deutschland und die Gerichte sind chronisch überlastet. Vorrang haben »Haftsachen«: Wenn der Angeklagte in Untersuchungshaft sitzt, dann gilt das »Beschleunigungsgebot«, diese Verfahren müssen bevorzugt behandelt werden. Für U-Haft gibt es zwei Hauptgründe: die Flucht- und die Verdunkelungsgefahr, also das Risiko, dass der Angeklagte verduften könnte oder dass er versuchen würde, Beweise zu beseitigen oder Zeugen zu beeinflussen. Die Gründe für die U-Haft werden regelmäßig überprüft; es kam auch schon vor, dass ein Angeklagter entlassen werden musste, weil das Gericht sich nicht ausreichend beeilt hat und die Haft deswegen nicht mehr zumutbar war. Das hängt natürlich auch mit der Schwere des Tatvorwurfs zusammen: Ein des Mordes Angeklagter wird immer in U-Haft bleiben. Das ist im Paragraph 112 der Strafprozessordnung sogar gesondert festgelegt.

Vergeher und Verbrecher

Das Strafgesetzbuch unterscheidet zwischen Vergehen und Verbrechen. Vergehen ist alles, was mit einer Höchststrafe von einem Jahr bedroht ist, Verbrechen alles darüber. Das ist eine relativ unwichtige Unterscheidung, bis auf einen Punkt: Verbrechen unterliegen der so genannten »notwendigen Verteidigung«, der Angeklagte braucht also unbedingt in der Verhandlung einen Rechtsanwalt an seiner Seite. Hier klärt sich auch eine Fehlmeinung, die entstanden ist durch zu viele amerikanische Gerichtsserien im Fernsehen: Die Bestellung eines Pflichtverteidigers hat nichts mit den finanziellen Verhältnissen des Angeklagten zu tun. Erscheint er zur Verhandlung eines Bagatelldelikts ohne Verteidiger, dann zahlt ihm der Staat auch keinen. Ist er hingegen eines Verbrechens angeklagt und hat keinen Rechtsbeistand, dann stellt ihm das Gericht einen Anwalt zur Seite, selbst wenn er einen bezahlen könnte. Gelegentlich kommt sogar ein Angeklagter mit einem Anwalt seiner Wahl zur Verhandlung und lässt den erst dort zum Pflichtverteidiger bestellen.

Dann also ist Termin zur Hauptverhandlung. Der Angeklagte kommt entweder selbstständig, oder er wird, wenn er in Untersuchungshaft sitzt, von Justizbeamten vorgeführt. Das Gericht – einer oder mehrere Richter und eventuell die Schöffen, je nach Schwere der Tat – tritt ein, alle stehen auf, der Richter beziehungsweise der Vorsitzende Richter, wenn es mehrere sind, sagt: »Bitte nehmen Sie Platz«, und die Verhandlung beginnt. Zuerst mit ein paar Formalien, Personalien des Angeklagten, Gang des Verfahrens. Dann ist der Staatsanwalt an der Reihe: Verlesung der Anklageschrift. Das ist nicht überall gleich, in Hamburg sieht sie anders aus als in München. So könnte die Verlesung aber beginnen: »Die Staatsanwaltschaft legt dem Angeklagten aufgrund ihrer Ermittlungen folgenden Sachverhalt zur Last: Am 27. 11. 2005 ging er ...« Dann wird alles berichtet, was für die Tat und ihre rechtliche Beurteilung von Belang sein könnte. Der Staatsanwalt schließt zum Beispiel mit: »....strafbar als versuchter Mord in Tateinheit mit schwerer Körperverletzung, gemäß Paragraph 211 StGB ...« usw.

Jetzt ist der Angeklagte dran. Seine Vernehmung gliedert sich in zwei Teile: die zur Person und die zur Sache. Bei der Vernehmung zur Person wird der Richter versuchen, sich ein Bild von diesem Menschen auf der Anklagebank zu machen: Wo kommt er her, wie hat er gelebt, warum war dieser Mensch mutmaßlich fähig, die Tat zu begehen, die ihm vorgeworfen wird. Bei der Vernehmung zur Sache geht es um die Tat an sich. Der Angeklagte kann zu keinem Zeitpunkt gezwungen werden, etwas zu sagen. Er kann schweigen, er kann über seinen Anwalt eine Erklärung abgeben, mehr noch: Er darf sogar straffrei lügen, das darf im Strafprozess sonst niemand. Der Grund dafür: Niemand kann gezwungen werden, sich vor Gericht selbst zu belasten. Ein Angeklagter, der die Tat wirklich begangen hat, hätte nun zwei Möglichkeiten – entweder er schweigt oder er lügt. Wenn aber nun die Lüge, wie bei Zeugenaussagen, unter Strafe gestellt wäre, dann hätte der Angeklagte keine Chance, sich zu verteidigen.

Zeugen und Erinnerung

Nach dem Angeklagten werden die Zeugen vernommen: Augenzeugen, Opfer, Polizisten, Verwandte, Freunde. Das Gericht muss nicht nur zusammentragen, was den Angeklagten be-, sondern auch, was ihn entlastet. Die Zeugen müssen die Wahrheit sagen, was ihnen der Richter zu Beginn ihrer Vernehmung eindringlich nahe zu legen hat: Wer vor Gericht etwas Falsches erzählt, muss mit einer Mindeststrafe von drei Monaten rechnen; sollte er vereidigt worden sein und also einen Meineid geleistet haben, kann er mit einem Jahr Gefängnis oder mehr bestraft werden. Sich nicht zu erinnern, ist natürlich nicht strafbar. Und drei Personengruppen haben das Recht, die Aussage zu verweigern: Verwandte und Verschwägerte, weil selbstverständlich niemandem zugemutet werden kann, seinen Vater oder seinen Ehemann zu belasten. Und solche Zeugen, die durch ihre Aussage Gefahr laufen würden, sich selbst einer Straftat zu bezichtigen. Auch die Schweigepflicht von zum Beispiel Ärzten oder Pfarrern rechtfertigt es, die Aussage zu verweigern.

Handelt es sich um einen großen Prozess, in dem alle Mittel der Beweiserhebung ausgeschöpft werden, kommen an dieser Stelle die Gutachter zum Zug: Mediziner, die – bei einem Mord – das Opfer untersucht haben, was gelegentlich wichtig sein kann: Wenn die Todesursache nicht der Messerstich war, sondern ein anschließend erlittener Herzinfarkt, dann war es vielleicht kein Mord, sondern ... ja was? Totschlag? Körperverletzung mit Todesfolge? Schlichte Körperverletzung, wenn der Herzinfarkt mit dem Messerstich in keinem Zusammenhang stand? Dazu können Quincys Nachfolger oft erstaunlich genaue Untersuchungen anstellen. Je nach Fall könnten dann Waffenfachleute kommen, Verkehrsgutachter, Drogenexperten. Das meiste Interesse wecken psychiatrische und psychologische Gutachter, die versucht haben herauszufinden, was den Täter zu seiner Tat gebracht hat. Sie sind auch maßgeblich für die Beurteilung zuständig, ob seine Seele krank ist. Das ist für das Gericht ein wichtiger Anhaltspunkt dafür, ob der Angeklagte in die Psychiatrie eingewiesen wird oder ob er ins Gefängnis kommt.

Vom Plädoyer zum letzten Wort

Bis hierhin hat das Gericht getan, was seiner Ansicht nach notwendig war, um Schuld oder Unschuld des Angeklagten zu beweisen. Staatsanwalt und Verteidiger haben zwar – ebenso wie der Angeklagte selbst – ein Recht zu fragen, aber wer da auf dem Zeugenstuhl sitzt, hat das Gericht bestimmt. Nun gibt es dieses Recht ab: Der Anwalt und der Ankläger können eigene Beweisanträge stellen, Gutachten einbringen, Zeugen vorladen. Wenn das alles erledigt ist, schließt das Gericht die Beweisaufnahme und bittet um die Plädoyers. Das sind dann – manchmal zumindest – die großen Augenblicke von Verteidigung und Staatsanwaltschaft. Der Ankläger beginnt. Er wird den Prozess Revue passieren lassen und auf alles hinweisen, was seiner Meinung nach den Angeklagten überführt. Am Ende steht der so genannte Schlussantrag: Der Staatsanwalt muss sagen, welche Strafe er haben will und wie er dazu kommt.

Nun der Verteidiger. Er wird selbstverständlich versuchen, die Belastungszeugen kleinzureden, die positiven Aussagen zu verstärken, außerdem die schwere Kindheit des Angeklagten betonen, kurz: alles tun, um seinen Mandanten in möglichst gutem Licht erscheinen zu lassen. Einen Vorschlag muss er dem Richter nicht machen – »Ich stelle die Strafe ins Ermessen des Gerichts« ist ebenso zulässig wie: »Ich fordere Freispruch« oder: »Zwei Jahre mit Bewährung sind genug.« Am Ende darf der Angeklagte selbst noch etwas sagen. Er hat das berühmte »letzte Wort«.

Nun zieht sich das Gericht zur Beratung zurück, was bei einem Einzelrichter so aussehen kann, dass er am Richtertisch mit einem Kugelschreiber über seinen Papieren brütet, er also in aller Öffentlichkeit mit sich selbst berät. Bei Gerichten mit mehreren Berufs- und Laienrichtern findet die Beratung im Richterzimmer hinter verschlossenen Türen statt, alles, was dort besprochen wird, ist geheim.

Wenn die Beratung zu Ende ist, stehen wieder alle auf. Der Richter sagt: »Im Namen des Volkes ergeht folgendes Urteil.« Das ist nicht nur eine Floskel: Der Angeklagte wird nicht verurteilt, weil der Richter das so will, sein Chef oder der Bundeskanzler. Der Richter spricht das Urteil im Namen aller, er verurteilt oder spricht frei für den Staat, für die Bürger. Du hast etwas gemacht, sagt der Richter, was wir alle nicht gutheißen, was wir alle nicht erlauben, und deshalb schicken wir alle dich jetzt ins Gefängnis.

Einspruch, Euer Ehren!

Ist damit das letzte Wort gesprochen? Natürlich nicht – es wäre kaum rechtsstaatlich, wenn, wie beim Einzelrichter am Amtsgericht, ein Mensch alleine das Urteil sprechen würde, und das wäre dann unangreifbar. Menschen machen Fehler, deshalb haben Angeklagte das Recht, gegen ein Urteil Rechtsmittel einzulegen – also es durch ein anderes Gericht überprüfen zu lassen. Es gibt hierbei zwei Begriffe, die öfter mal durcheinander geschmissen werden, die aber grundlegend verschieden sind: Berufung und Revision. (Wir sprechen hier von den Rechtsmitteln im Strafverfahren – es gibt sie so ähnlich auch für Zivilprozesse, darauf werden wir aber nicht näher eingehen.) Berufung kann eingelegt werden gegen Urteile des Amtsgerichts. Sie kommt zum Landgericht und der komplette Prozess beginnt noch mal von vorne: Zeugen werden gehört, Gutachter befragt, der Angeklagte hat Gelegenheit, seine Sicht der Dinge zu erklären. Man nennt die Berufung eine Tatsacheninstanz: Alle wichtigen Fakten werden noch einmal genau angeschaut. Und am Ende spricht das Berufungsgericht ein neues Urteil – das allerdings im Ergebnis das Urteil der ersten Instanz bestätigen kann.

Anders bei der Revision. Sie ist fällig bei Urteilen des Landgerichts (also auch bei Urteilen über Berufungen) und des Oberlandesgerichts. Revision gegen Ersturteile dieser Gerichte geht immer zum Bundesgerichtshof (BGH). Dort werden nicht die Tatsachen betrachtet, sondern nur das Zustandekommen des Urteils:

War das Gericht korrekt besetzt? Wurden die Ladungsfristen eingehalten? Wurde über Anträge der Verteidigung und der Staatsanwaltschaft korrekt entschieden? Es geht also nicht darum, ob das Urteil richtig ist – sondern nur darum, ob alle Formalien eingehalten wurden. Der BGH muss kein eigenes, neues Urteil sprechen: Er kann, wenn er Fehler gefunden hat, das alte aufheben und zum Landgericht sagen: Das verhandelt ihr schön noch mal neu. In diesem Fall beginnt ein neuer Prozess, sozusagen eine Wiederholung des ersten. Und die Richter müssen nun darauf aufpassen, das richtig zu machen, was ihre Vorgänger nach Meinung des BGH falsch gemacht haben.

Neben dem Angeklagten hat auch der Staatsanwalt das Recht auf Berufung und Revision, wenn er mit dem Urteil nicht zufrieden ist. Manchmal legen sogar beide Parteien Rechtsmittel ein, was im Fall des Anklägers oft taktischer Natur ist: Wenn nur der Angeklagte in Berufung oder in Revision gegangen ist, dann gilt das so genannte »Verschlechterungsverbot«. Das heißt: In einem neuen Prozess darf der Angeklagte nicht höher bestraft werden als im ersten. Das ist nicht so, wenn auch der Staatsanwalt das Urteil angefochten hat.

Unschuldig bis zum Urteil

Ein Wort muss noch sein zu einer wichtigen Errungenschaft des Rechtsstaats, die leider viel zu häufig mit Füßen getreten wird: Ein Angeklagter gilt, bis er verurteilt wird, als unschuldig. Diese so genannte Unschuldsvermutung ist wichtig für den Richter, der als befangen gelten würde, wenn er vor dem Ende der Beweisaufnahme zu verstehen gäbe, dass für ihn eh schon alles klar ist. Das gilt aber mehr noch für die Medien: Es ist unerträglich, dass Zeitungen Angeklagte – und nicht nur die, gelegentlich trifft es schon nur Verdächtige – als »fette Bestie«, als »den Perversen aus H.«, »die Mörderbande von K.« bezeichnen. Abgesehen von der im Gesetz festgelegten Unschuldsvermutung: Auch ein Mensch, der unfassbare Taten begangen hat, ist in erster Linie ein Mensch. Und keine Bestie.

Tatbestand, Rechtswidrigkeit, Schuld

Drei Fragen bis zur Anklage

Zurück noch einmal an den Beginn des Strafverfahrens und dazu, wie Juristen, also zunächst die Staatsanwälte, überhaupt dazu kommen, Anklage zu erheben. Die Prüfung dafür gliedert sich in drei Teilbereiche: Verletzt das, was geschehen ist, einen Paragraphen des Strafgesetzbuches (oder eines anderen Gesetzes, das Strafen für bestimmte Taten vorsieht, z. B. das Betäubungsmittelgesetz)? Das heißt im Juristendeutsch der Tatbestand. Sodann: War die Tat rechtswidrig? Das muss nicht immer gelten, auch wenn es einen passenden Tatbestand gibt. Und drittens: Kann dem Beschuldigten die Tat zur Last gelegt werden, also: Hat er unter persönlicher Schuld gehandelt?

Keine Strafe ohne Gesetz

Punkt 1, der Tatbestand, klingt einfach. Ist er aber nicht. Erster Grundsatz: Eine Tat kann nur bestraft werden, wenn das entsprechende Gesetz vor Begehung der Tat existiert hat. Das war nach der deutschen Wiedervereinigung ein Problem, als das neue

Deutschland Agenten und Spione der DDR bestrafen wollte. Problem: Zu der Zeit, als die Taten geschahen, war nicht rechtswidrig, was die Spione taten, was eine Zeitung in der schönen Überschrift zusammenfasste »Spion muss schon spionieren dürfen«. Zweitens: Die Tat muss in dem entsprechenden Gesetz genau beschrieben sein. Das schönste Beispiel hierfür ist der Paragraph 248 b des Strafgesetzbuches. Er heißt: »Wer ein Kraftfahrzeug oder ein Fahrrad gegen den Willen des Berechtigten in Gebrauch nimmt, wird mit Freiheitsstrafe bis zu drei Jahren oder mit Geldstrafe bestraft (...).« Hier geht es, das ist wichtig, nicht um den Autodieb, der den Wagen in der Absicht stiehlt, ihn schnell weiterzuverkaufen. Es geht vielmehr um den so genannten »Gebrauchsdiebstahl«, also: Ich nehme mir das nicht abgesperrte Fahrrad meines Nachbarn und fahre damit zum Einkaufen. Wenn ich nach einer halben Stunde wieder da bin und das Rad an seinen alten Platz stelle, dann bemerkt er das wahrscheinlich nicht einmal. Wenn ich allerdings zu meiner Freundin fahre, das Rad dort an den Laternenpfahl lehne und es erst nach drei Tagen zurückbringe – dann greift der Paragraph, ebenso, wenn ich es einfach irgendwo stehen lasse. Nun heißt es in der Vorschrift »ein Kraftfahrzeug oder ein Fahrrad«. Was ist, wenn ich mir kurz ein Ruderboot ausleihe? Ein Ruderboot ist kein Auto und kein Fahrrad – also gilt Paragraph 248 b nicht. Der Staatsanwalt kann prüfen, ob ein »normaler« Diebstahl vorliegt. Wenn nicht, wird er die Akte schließen und das Verfahren einstellen.

Das ist ein relativ einfaches Beispiel für die Prüfung des Tatbestandes. Schwieriger wird es bei Taten, die sich für den Laien recht gleich anhören, zwischen denen der Jurist dennoch unterscheidet. Wir werden diese Komplexe später noch im Einzelnen behandeln, es geht dabei etwa um die Bereiche Diebstahl/Raub/räuberische Erpressung oder Betrug/Unterschlagung/Untreue. Fürs Erste gilt: Der Staatsanwalt, später auch der Richter und der Verteidiger, prüfen, ob es für die begangene Tat überhaupt einen passenden Paragraphen gibt. Erst dann geht es weiter.

Wann man trotzdem darf

Die Tat wird nun auf ihre Rechtswidrigkeit untersucht. Halt!, werden nun einige rufen: Wenn es sich um eine Straftat handelt, ist sie ja wohl auch rechtswidrig. Im Prinzip ja. Aber es gibt einige so genannte Rechtfertigungsgründe, die dazu führen, dass eine Straftat doch nicht bestraft wird. Was macht zum Beispiel der Arzt, der mir eine Spritze gibt? Er begeht eine Körperverletzung, ganz klar. Bestraft wird er dafür aber natürlich nicht, denn ich habe meine Einwilligung dazu gegeben. Einwilligung ist also ein Rechtfertigungsgrund. Der allerdings nicht für alle Taten gilt: Bittet ein Todkranker seinen Arzt um eine tödliche Dosis Morphium und der Arzt gibt sie ihm, dann macht er sich trotz der Bitte, der Einwilligung, mindestens einer Tötung auf Verlangen schuldig, denn das Leben ist ein unverzichtbares Rechtsgut, in seine Beendigung kann nicht eingewilligt werden. (Viel wird zurzeit über die so genannten Patienten-Verfügungen gesprochen, mit denen Menschen festlegen, dass sie bei schweren Verletzungen oder Erkrankungen nicht maschinell am Leben gehalten werden wollen. Ob und wie so etwas gehen könnte, ist noch nicht abschließend geklärt.)

Ich muss mich doch wehren

Ein zweiter Rechtfertigungsgrund ist die allseits bekannte Notwehr: Wenn mich jemand angreift, darf ich mich wehren und den Angreifer dabei auch verletzen. Die angemessene Art der Abwehr hängt von der Stärke des Angriffs ab: Schießt der Täter mit einer Pistole auf mich, dann darf ich, so ich eine Schusswaffe in meinem Besitz habe, zurückschießen. Wenn hingegen die Nachbarskinder Kirschen aus meinem Garten klauen – Notwehr ist nicht nur bei einem körperlichen Angriff möglich, sondern auch, wenn der Besitz in Gefahr ist –, dann wäre es sicher unverhältnismäßig, mit der Schrotflinte auf sie zu schießen. Notwehr muss zudem immer unmittelbar erfolgen: Ein Mann, der gestern im Streit von einem Trinkkumpan eine Ohrfeige bekommen hat, kann sich nicht heute unter Berufung auf Notwehr revanchieren. Eine besondere Form der Notwehr ist die Nothilfe. Dabei verteidigt der Angegriffene sich nicht selbst, sondern ein Dritter kommt dazu und hilft ihm. Der darf seine Hilfe allerdings nicht aufdrängen – wenn der Geschlagene zu erkennen gibt, dass er sich nicht wehren will, dann darf sich der Dritte nicht einmischen.

Der Jäger und der Autofahrer

Ein weiterer Rechtfertigungsgrund, der Strafbarkeit ausschließt, ist der Notstand. In der juristischen Definition: Eine Gefahr für ein Rechtsgut wird durch Verletzung eines anderen Rechtsguts abgewendet. Juristen erfinden ja die schönsten Beispiele, deshalb hier ein gängiges für den Notstand: Ein Jäger findet auf einer wenig befahrenen Straße einen Schwerverletzten. Er stoppt das nächste Auto und fordert den Fahrer auf, den Verletzten ins Krankenhaus zu fahren. Als der sich weigert, zwingt ihn der Jäger, indem er ihn mit einem Messer bedroht. Das gefährdete Rechtsgut ist hier zuerst das Leben des Verletzten. Um es zu retten, ist die Verletzung eines anderen Rechtsguts nicht zu vermeiden, nämlich die Freiheitsberaubung und die Nötigung des Autofahrers – eventuell auch noch eine Sachbeschädigung, wenn Blut die Autositze befleckt. All diese Rechtsgüter sind aber nicht so hoch anzusiedeln wie das Leben eines Menschen: Der Jäger hat keine Straftat begangen.

Der Vater im Wasser

Was aber, wenn zwei gleichwertige Rechtsgüter kollidieren? Auch hierfür hat die Rechtswissenschaft ein schönes Beispiel konstruiert, seit Hunderten von Jahren wird es zitiert. Nämlich: Ein Schiff sinkt. Ein Vater sieht seine beiden Kinder im Wasser treiben, hat aber, selbst geschwächt, nur die Kraft, eines zu retten. Er tut das, das andere Kind ertrinkt. Eine Güterabwägung wie beim rechtfertigenden Notstand hilft nicht weiter – Leben ist Leben, Kind ist Kind. Weil es aber nicht möglich war, beide Rechtsgüter zu retten, musste der Vater sich entscheiden. Und deshalb ist dies nicht strafbar – das führt zum dritten Punkt bei der Prüfung einer Tat: der Frage nach der Schuld.

Schuldig oder nicht schuldig?

Der Staatsanwalt ist nun schon ganz schön weit: Er hat den Straftatbestand und er hat Rechtfertigungsgründe geprüft. Wenn das Ergebnis immer noch eine strafbare Handlung ist, dann kommt als Nächstes die Schuld des Täters an die Reihe. Dabei hilft zunächst der Blick auf das Geburtsdatum des Beschuldigten: War er bei Begehung der Tat noch keine 14 Jahre alt, dann kann der Ermittler die Akte sofort schließen – erst ab 14 ist man in Deutschland strafmündig, ein jüngerer Schlingel ist vielleicht ein Fall für das Jugendamt, aber nicht für den Staatsanwalt.

Fahrlässigkeit und Vorsatz

Bei bestimmten Taten, zum Beispiel der Körperverletzung, ist es wichtig, ob sie vorsätzlich oder fahrlässig begangen wurden. Unterschieden wird zwischen vier Stufen: Absichtlichkeit, direkter Vorsatz, bedingter Vorsatz, Fahrlässigkeit. Der Münchner Strafverteidiger Dr. Eckhart Müller hat einen Fall konstruiert, an dem sich die vier Stufen veranschaulichen lassen.

Ausgangspunkt: Ein Landwirt hat einerseits große Geldsorgen, andererseits eine gelähmte Großmutter. Im ersten Fall verfügt die Großmutter zudem noch über eine ziemlich hohe Lebensversicherung, die der Bauer bekommen würde, wenn die Oma stirbt. Deshalb legt er eines Abends Feuer auf seinem Hof, in der Absicht, die Großmutter zu töten. Der Fall ist klar: Tat – Folge, er wollte, dass durch die Tat ein Mensch zu Tode kommt, Absichtlichkeit oder »direkter Vorsatz ersten Grades«.

In der zweiten Variante hat nicht die Großmutter eine Lebensversicherung, sondern der Bauer eine solche gegen Feuer. Er überlegt, wie er es anstellen könnte und kommt zu dem Entschluss: Er kann die Großmutter nicht aus dem Haus schaffen, ohne dass der Verdacht auf ihn fallen würde. Das Feuer legt er trotzdem, und die Großmutter stirbt. In diesem Fall war ihm klar, was passieren würde, auch wenn Omas Tod nicht das Ziel der Tat war. Das nennt der Jurist »direkter Vorsatz zweiten Grades«.

Drittes Beispiel. Die Oma kann noch ein bisschen

gehen, der Bauer spekuliert wieder auf die Feuerversicherung. Das Großmutter-Problem erkennt er sehr wohl, denkt sich aber: Ach, die wird es schon schaffen. Und wenn nicht – auch egal. Er nimmt also, als er das Feuer legt, den Tod der Großmutter in Kauf. Er wünscht ihn zwar nicht direkt, aber wenn es passiert, ist es ihm auch recht. Die Fachbezeichnung lautet »bedingter Vorsatz«.

Schließlich die vierte Variante: Fahrlässigkeit. Hier hat es der Bauer weder auf Omas Lebens- noch auf die Feuerversicherung abgesehen. Er legt sich, zum Beispiel, einfach nur abends betrunken mit einer brennenden Zigarette ins Bett, schläft ein, die Matratze fängt Feuer, der Hof brennt ab. Er wollte das nicht, er hat das nicht geplant. Aber dass es gefährlich ist, betrunken im Bett zu rauchen – das hätte er wissen können, und das hätte sich vermeiden lassen: Fahrlässigkeit.

Unwissenheit und Strafe

Wir sehen: Die Schuld des Täters hängt ab von seinem persönlichen »Wissen und Wollen«, also inwiefern er weiß, was geschehen wird oder geschehen könnte und inwiefern er das auch will. Aber wenn er etwas nicht weiß? Stimmt das Sprichwort »Unwissenheit schützt nicht vor Strafe«? Grob gesagt: Es stimmt nicht. Unwissenheit schützt sehr wohl vor Strafe. Aber die eigene Unwissenheit zu beweisen, das ist im Einzelfall recht schwierig.

Natürlich wird von keinem Nichtjuristen verlangt, das Strafgesetzbuch auswendig zu kennen. Aber dass es verboten ist, andere Menschen umzubringen, dass es verboten ist, anderer Leute Eigentum zu stehlen, dass man nicht einfach so irgendjemanden Depp oder

Gummisau nennen darf – das weiß jeder, und da wird sich niemand darauf berufen können, ihm sei nicht bekannt gewesen, dass das strafbar ist. »Parallelwertung in der Laiensphäre« heißt das im Juristischen. Man müsste, um straffrei auszugehen, einen »unvermeidbaren Verbotsirrtum« nachweisen, also darlegen können, dass man wirklich dachte, das, was man da tut, sei nicht verboten, und dass man Anstrengungen unternommen hat, sich schlau zu machen.

Das gelang einem Redakteur der Satire-Zeitschrift ›Titanic‹ Ende der 80er Jahre. Er hatte über den Bundeswehr-Reserveoffizier M. geschrieben, der nach einem Unfall querschnittsgelähmt war, trotzdem aber seinen Dienstgrad behalten und weiterhin an Wehrübungen teilnehmen wollte. In einem der beliebten »Briefe an die Leser« schrieb der Journalist: »Noch obszöner ist freilich die Vorstellung, dass ein Querschnittsgelähmter im Rollstuhl zu einer Wehrübung einrückt. Nicht weil er müsste – nein, er wollte unbedingt. M. freut sich nun ›unheimlich‹ aufs Kriegspielen. ›Dein Kopf ist doch völlig o.k.‹, will er sich gesagt haben, ›warum solltest du der Bundeswehr nicht weiterhin als Reserveoffizier nützlich sein?‹ Eine müßige Frage, da schon die Voraussetzung offenbar falsch ist.«

Das war eine Beleidigung des Leutnants, sagte das Amtsgericht Frankfurt am Main 1989. Aber: Der Journalist konnte nachweisen, dass der Text vorher von der Verlagsjuristin gelesen worden war und dass die nichts zu beanstanden hatte. Und bis dahin waren die Beurteilungen der Juristin immer richtig gewesen. Also hatte der Redakteur die Beleidigung zwar begangen, jedoch aufgrund eines Irrtums, den er nicht vermeiden konnte. Deshalb: nicht strafbar.

Jugendgerichtsgesetz

Im Strafgesetzbuch (und in der Strafprozessordnung, in der der Ablauf eines Gerichtsverfahrens festgelegt ist) wird bestimmt, wie mit einem Straftäter umgegangen wird – mit einer Einschränkung: Beide Bücher regeln das Strafverfahren für Erwachsene. Ist der Täter jedoch noch Jugendlicher, dann gilt ein anderes Gesetzbuch: das Jugendgerichtsgesetz, kurz JGG. Darin sind keine neuen Straftatbestände definiert: »Dieses Gesetz gilt, wenn ein Jugendlicher oder ein Heranwachsender eine Verfehlung begeht, die nach den allgemeinen Vorschriften mit Strafe bedroht ist«, so lautet der erste Satz. Er sagt also, dass Vergehen und Verbrechen Vergehen und Verbrechen bleiben, auch wenn der Täter noch nicht erwachsen ist. Bei genauerem Hinschauen sagt er aber noch mehr.

Bis 14 passiert gar nichts

Zum einen: Der Satz spricht von »Jugendlichen«. Jugendlich ist, wer 14, aber noch nicht 18 Jahre alt ist. Das heißt aber auch, dass Kinder, also Menschen unter 14 Jahren, strafrechtlich überhaupt nicht belangt werden können. Berühmt geworden ist in diesem Zusammenhang der Fall um den Münchner »Mehmet«, der schon vor seinem 14. Geburtstag zahlreiche Straftaten begangen hatte, aber nicht belangt werden konnte, eben weil er noch strafunmündig war.

Zum anderen: Was ist ein »Heranwachsender«? Heranwachsend, so das Gesetz, sind Menschen, die 18 Jahre alt sind, also formal volljährig, aber noch nicht 21. Begeht ein solcher Mensch eine Straftat, dann gewährt ihm der Gesetzgeber sozusagen eine Gnadenfrist: Wenn sich herausstellt, dass er so erwachsen vielleicht doch noch nicht ist, dann kann er wie ein Jugendlicher behandelt werden. Im Gesetzestext steht, die Vorschriften des JGG würden angewendet, wenn »die Gesamtwürdigung des Täters bei Berücksichtigung auch der Umweltbedingungen ergibt, dass er zur Zeit der Tat nach seiner sittlichen und geistigen Entwicklung noch einem Jugendlichen gleichstand«.

Erziehen statt strafen

Was ist der Unterschied zwischen Erwachsenen- und Jugendstrafrecht? Das Jugendrecht ist ein Erziehungsrecht, das heißt: Es geht weniger um Strafe als vielmehr darum, auf einen Jugendlichen einzuwirken, von dem man glaubt, er könne noch erzogen, angeleitet, auf den rechten Weg zurückgebracht werden. Zwar gibt es diesen Gedanken in Form der Resozialisierung auch bei den Erwachsenen, aber bei Jugendlichen steht er eindeutig im Vordergrund vor der Bestrafung. Deshalb wird gegen Jugendliche und Heranwachsende auch von speziellen Staatsanwälten und vor speziellen Gerichten verhandelt, die Richter und die Ankläger dort sollen »erzieherisch befähigt und in der Jugenderziehung erfahren« sein. Die Mittel, die ihnen zur Verfügung stehen, um Verfehlungen Jugendlicher zu ahnden, sind deutlich milder als die im Erwachsenen-Strafrecht. Unterschieden wird zwischen Erziehungsmaßnahmen und Zuchtmitteln. Erziehungsmaßnahmen sind in erster Linie Weisungen, die der Richter dem Angeklagten erteilt: Er muss sich in einer bestimmten Stadt aufhalten. Er muss in einem Heim wohnen. Er muss sich eine Arbeit oder eine Ausbildungsstelle suchen. Er muss gemeinschaftsdienliche Arbeiten leisten, also zum Beispiel für eine bestimmte Anzahl von Stunden in einem Seniorenheim mithelfen. Er muss an einem sozialen Trainingskurs teilnehmen, wo er sich etwa mit seiner Gewalttätigkeit und mit seinen Aggressionen auseinander zu setzen hat. Er muss den Schaden seines Opfers wieder gutmachen, was auch bedeuten kann, dass er sich in der Gerichtsverhandlung öffentlich bei ihm entschuldigen muss. Er muss, wenn er mit dem Auto oder dem Moped auffällig geworden ist, an einem speziellen Verkehrsunterricht teilnehmen. Und zu guter Letzt: Der Richter kann den Jugendlichen anweisen, bestimmte Personen nicht mehr zu treffen und bestimmte Orte, etwa Gaststätten, nicht mehr zu besuchen.

Zucht und Ordnung

Wenn das Delikt größer ist, dann greift der Richter zu den martialisch klingenden Zuchtmitteln. Größter Unterschied zu den Strafen aus dem Erwachsenenrecht: »Zuchtmittel haben nicht die Rechtswirkungen einer Strafe.« Das heißt: Der Jugendliche ist danach nicht vorbestraft. Das mildeste Mittel ist die Verwarnung, mit der dem Angeklagten »das Unrecht der Tat eindringlich vorgehalten werden« soll. Und damit es auch ein bisschen wehtut, kann der Richter zusätzlich Auflagen verhängen, die in etwa den oben schon aufgezählten Weisungen entsprechen. Zusätzlich gibt es die Möglichkeit, den Täter zu Zahlungen an das Opfer oder an eine gemeinnützige Einrichtung zu verdonnern. So eine Strafe soll aber nur verhängt werden, wenn der Jugendliche die Summe von dem Geld bezahlt, über das er »selbständig verfügen darf«, also seinem eigenen. Dass der Papa die Strafe einfach so im Vorübergehen einzahlt, das soll vermieden werden.

Knast zum Kennenlernen

Wenn auch die Verwarnung und die dazugehörende Auflage nicht mehr ausreichen, dann werden die Mittel drastisch. Denn nun kommt etwas, was einer Gefängnisstrafe schon bedrohlich nahe kommt: der Arrest. Es gibt ihn in drei Formen, als Freizeitarrest, Kurzarrest oder Dauerarrest. Die Straftaten, die dahinterstecken, wenn ein Richter Jugendarrest verhängt, können ganz erheblich sein: Rund 40 Prozent sind gefährliche Körperverletzungen, Raubdelikte oder schwerer Diebstahl, weitere 40 Prozent entfallen auf einfache Körperverletzung, Diebstahl, Fahren ohne Führerschein und Drogendelikte.

Der Freizeitarrest wird so gelegt, dass Schul- oder Arbeitszeiten des Delinquenten nicht beeinträchtigt werden. Das heißt: Er beginnt samstags, meist um 8 Uhr morgens, und dauert bis Montagmorgen. Abgesessen wird diese Zeit in Jugendarrest-Anstalten. Die sind oftmals an Gefängnisse angegliedert – das kann dem Jugendlichen schon zeigen, wohin die Reise geht, wenn er sich nicht zusammenreißt. Die Auflagen sind hart: Handy, MP3-Player, Walkman, Gameboy und ähnlicher elektronischer Schnickschnack sind verboten, Lebensmittel dürfen nicht mitgebracht werden, Waschsachen wie Shampoo oder Deo sind nur erlaubt, wenn die Flaschen durchsichtig sind. Die ersten 24 Stunden verbringen die Arrestanten alleine in der Arrestzelle – so wie jeder sozusagen ein »Einzelzimmer« hat: Es soll ja nicht zugehen wie in einer Jugendherberge. Nach dem ersten Tag gibt es Einzel- und Gruppengespräche mit Sozialpädagogen und Psychologen, viel Sport, Werken und ähnliche Beschäftigungen.

Der Freizeitarrest kann ein oder zwei Wochenenden dauern. Kurzarrest ist im Prinzip das Gleiche, nur ist er nicht auf die Freizeit beschränkt, sondern wird am Stück vollzogen. Das könnte sich zum Beispiel anbieten, wenn der Jugendliche sowieso arbeitslos ist.

Die Verschärfung ist der Dauerarrest. Er dauert mindestens eine, höchstens vier Wochen. Da lässt es sich dann auch nicht vermeiden, dass etwa der Arbeitgeber davon erfährt. Er wird allerdings nicht verständigt, im Gegensatz zur Schule, die schon von der Einleitung eines Verfahrens benachrichtigt wird.

Der Jugendarrest ist nicht unumstritten. Das liegt zum einen daran, dass er 1940 von der nationalsozialistischen Diktatur verordnet wurde – auch wenn die Idee schon Anfang der 1920er Jahre in der Juristerei aufkam. Die Nazis begründeten die Einführung damit, dass es »in der Kriegszeit ohne die im Feld befindlichen Väter eines kurzen harten Disziplinierungsmittels bei sozialwidrigem Verhalten bedürfe«. Diese Begründung – ohne Krieg natürlich – gilt auch heute noch. Sie nennt sich heute »short sharp shock«: Den Jugendlichen soll in kurzer Zeit, aber mit aller Strenge deutlich gemacht werden, worauf sie sich einlassen. Allerdings scheint das nicht sehr gut zu funktionieren: Bei 80 Prozent liegt die Rückfallquote, also der Anteil derer, die trotz Jugendarrest erneut straffällig werden. Der Grund liegt wohl auch darin, dass zwei einander widersprechende Ziele zusammengespannt werden: Zum einen soll der Täter abgeschreckt werden, wozu der Arrest recht »Knast-ähnlich« gestaltet werden muss. Zum anderen soll aber erzieherisch auf ihn eingewirkt werden – und dazu müssen die Pädagogen erst einmal ein gewisses Vertrauen der Arrestanten erreichen. Beides geht schwer zusammen.

Wenn gar nichts mehr hilft

Für schwerste Straftaten und für Mehrfachtäter haben die Richter als letztes Mittel die Jugendstrafe zur Verfügung. Das ist dann richtiges Gefängnis, wenn auch nicht mit erwachsenen Insassen zusammen, sondern in speziellen Jugendstrafanstalten. Jugendstrafen werden verhängt von sechs Monaten bis zu zehn Jahren. Übrigens ist immer ausschlaggebend, wie alt der Täter zum Zeitpunkt der Tat war. Deshalb kann es auch vorkommen, dass ein Angeklagter weit über 18 Jahre alt ist, aber dennoch nach Jugendstrafrecht verurteilt wird – zum Beispiel, wenn sich das Verfahren lange hinzog oder er erst geraume Zeit nach der Begehung überführt wurde.

Das ist das Instrumentarium, mit dem Staatsanwalt und Richter eine Tat beurteilen und eventuell bestrafen. Zum Abschluss des Strafrechts-Kapitels wollen wir uns nun noch mit einigen besonderen Teilen des Strafgesetzbuches beschäftigen: mit den Bestimmungen über illegalen Gebrauch von Drogen, mit dem Sexualstrafrecht, mit Mord, Totschlag und Körperverletzung sowie mit der Unterscheidung zwischen Diebstahl, Untreue und Betrug.

Drogen

Coole Party, das: eine warme Sommernacht am See, ein Lagerfeuer, genug zu trinken, geile Musik. Irgendwann holt einer dieses kleine Stück Haschisch aus der Tasche und baut einen gepflegten Joint. Alle sitzen im Kreis und reichen das Teil weiter. Leider kommt genau in diesem Moment eine Polizeistreife vorbei, weil ein Nachbar sich wegen der Musik beschwert hat. Natürlich bemerken die Polizisten den süßlichen Geruch, das Hasch-Piece wird beim Besitzer in der Hosentasche gefunden. Eindeutig ist, dass alle bekifft sind, dass also jeder mitgemacht hat. Die Personalien werden aufgenommen, Protokolle geschrieben. Ein paar Tage später landet das Ganze beim Staatsanwalt. Der muss nun überlegen: Wer hat sich wie strafbar gemacht?

Wie kommt das Haschisch in die Hosentasche?

Zunächst einmal: Der Konsum von Rauschgift ist keine Straftat – wenn schon Selbstmord nicht strafbar ist, dann auch nicht andere, geringere Formen der Selbstschädigung. Allerdings sind ringsherum um den Konsum so viele andere Vorschriften und Verbote aufgebaut, dass es praktisch unmöglich ist, nur zu konsumieren, ohne gegen irgendetwas davon zu verstoßen. Als Erstes trifft es natürlich den, der das Haschisch aus der Hosentasche geholt hat. Zum einen:

> Er wird es wahrscheinlich irgendwo gekauft haben – strafbar.
> Wenn es Marihuana war, das er auf dem Balkon selbst gezüchtet hat, ist das nicht besser – strafbar.
> Außerdem hat er es in seinem Besitz – strafbar.
> Und er hat es weitergegeben, als er den Joint kreisen ließ – strafbar.
> Anbau, Herstellung, Handel, Einfuhr, Ausfuhr, Abgabe, Erwerb, Besitz – alles Straftaten.
>
> Gegen den Typen mit dem Piece in der Hose wird der Staatsanwalt also auf jeden Fall ein Verfahren einleiten.

Die Menge

Nun kommt es darauf an, wie groß das Stück war. Der Staat, so könnte man sagen, toleriert eine gewisse Menge an Cannabis-Produkten im »Privatbesitz«, weil es ihm nicht in erster Linie darum geht, den kleinen Kiffer zu kriminalisieren; er will an die großen Dealer ran. Er wird, so steht es in einem Urteil des Bundesverfassungsgerichts von 1990, Verhaltensweisen nicht verfolgen, »die ausschließlich den gelegentlichen Eigenverbrauch geringer Mengen von Cannabisprodukten vorbereiten und nicht mit einer Fremdgefährdung verbunden sind«. Im Allgemeinen gelten als »geringe Menge« drei so genannte »Konsumeinheiten«, die zum Eigenkonsum bestimmt sind. Wie groß eine Konsumeinheit sein darf, das ist von Bundesland zu Bundesland unterschiedlich. In Bayern z. B. darf das Gewicht sechs Gramm nicht übersteigen – dann bleibt der Besitz zwar immer noch eine Straftat, der Staatsanwalt wird das Verfahren aber wegen Geringfügigkeit einstellen. Das heißt aber nicht, dass der Joint am See folgenlos bleibt: Der Besitzer des Haschischs wird jetzt bei der Polizei als »Betäubungsmittelkonsument« geführt und die Akte wird fünf Jahre aufgehoben. Wenn in dieser Zeit wieder etwas vorfällt, könnte es nicht mehr so glimpflich abgehen.

Wie schnell man zum Dealer wird

Wenn das Piece schwerer als drei Gramm ist, dann gehen zumindest die bayerischen Behörden davon aus, dass es nicht für den Eigenverbrauch bestimmt ist, sondern dass damit gehandelt werden soll – und dann schlägt das Betäubungsmittelgesetz (BtmG) unbarmherzig zu. Schon beim leichtesten Fall des Handeltreibens kann die Strafe bis zu fünf Jahren gehen. Wer älter als 21 Jahre ist und Drogen an Minderjährige abgibt – er muss sie nicht einmal verkaufen –, dem droht eine Mindeststrafe von einem Jahr. Noch schlimmer wird es, wenn die Polizei eine Wohnungsdurchsuchung macht (womit auf jeden Fall zu rechnen ist). Wenn sie dabei noch größere Mengen Rauschgift findet, und wenn der harmlose kleine Party-Kiffer aus Bequemlichkeit in seinem Drogendepot vielleicht noch ein Springmesser hat liegen lassen, mit dem er bei Bedarf handliche Portionen von seinem Vorrat abteilt. Denn dann kann ein weiterer Paragraph des BtmG greifen. Der heißt »Drogenhandel mit Waffen«, Mindeststrafe: fünf Jahre.

Wenn der Joint kreist

Der Besitzer des Haschischstückchens hat sich am Seeufer auch noch der Weitergabe schuldig gemacht – und das haben auch alle anderen, die den Joint genommen, einmal daran gezogen und ihn dann dem Nächsten in der Runde gereicht haben. Juristisch gibt es nur eine Möglichkeit, Haschisch zu konsumieren, ohne dabei eine Straftat zu begehen: Man muss sich den Joint reichen lassen und ihn sofort rauchen. Dann »verschafft« man ihn sich nicht und besitzt ihn auch nicht. Das wäre also eine gute Begründung, eine Haschischzigarette, die die Runde macht, für sich zu behalten: »Tut mir Leid, ich kann's nicht weitergeben, ich mache mich strafbar.«

Aus gutem Grund hat das Bundesverfassungsgericht den Begriff der »geringen Menge«, deren Besitz straflos bleibt, auf Cannabis-Produkte beschränkt. Denn andere Drogen sind sehr viel gefährlicher, bei Kokain, Heroin, LSD, Ecstasy werden auch kleinere Delikte härter verfolgt und bestraft. Unabhängig von der Strafbarkeit bestehen sowieso vor allem bei den chemischen Drogen schwere gesundheitliche Risiken und Unwägbarkeiten: Mehr als genug Menschen sind schon im Krankenhaus gelandet, weil sie auf der Club-Toilette von einem Unbekannten irgendwelche Pillen gekauft haben, deren Zusammensetzung und Herkunft sie nicht kannten. Und wer glaubt, hartes Zeug wie Heroin oder Crack als Partyspaß konsumieren zu können, der möge in Hamburg, Berlin, Köln und vielen anderen Städten in die einschlägigen Viertel gehen und sich anschauen, zu welch bemitleidenswerten Kreaturen langjähriger Drogenkonsum Menschen machen kann.

Sexualstrafrecht

Natürlich: Was zwei Menschen alleine in ihrem Schlafzimmer machen, geht niemanden etwas an, und ganz gewiss nicht den Staat. Manche Juristen messen am Sexualstrafrecht sogar, wie es um die Freiheitsrechte einer Gesellschaft insgesamt bestellt ist: je weniger Einschränkungen, desto freier. Aber ebenso sicher ist, dass es Formen von Sexualität gibt, bei denen der Staat mit Recht eingreift, sogar eingreifen muss – man könnte sagen: immer dann, wenn etwas nicht freiwillig und einvernehmlich geschieht. Oder wenn der Gesetzgeber der Meinung ist, jemand könne die Folgen seines Tuns nicht einschätzen und werde in seiner Entwicklung geschädigt, beispielsweise, weil er zu jung ist.

Selbstbestimmung statt Sittlichkeit

Die Paragraphen des Sexualstrafrechts stehen im 13. Abschnitt des Strafgesetzbuches; die Überschrift lautet »Straftaten gegen die sexuelle Selbstbestimmung«. Daran lässt sich schon einiges ablesen: Bis 1973 hieß das Kapitel »Verbrechen und Vergehen wider die Sittlichkeit«. Was der eine oder die andere für sittlich oder unsittlich hält, darum kümmert sich der Staat heute nicht mehr – kein Moral-Gesetz wird aufgestellt im Abschnitt 13 StGB, sondern ein Opfer-Gesetz, das dann straft, wenn jemand geschädigt wurde, nicht, wenn irgendjemand glaubt, »das gehört sich nicht«. Na ja, ganz so ist es dann auch wieder nicht: Für den Gesetzgeber beginnt die Sexualität des Menschen erst, wenn er 14 Jahre alt ist. Bis 14 seien die Leute asexuelle Wesen, weshalb jede Form sexueller Handlungen an ihnen und mit ihnen verboten ist: Missbrauch. Dabei spielt es keine Rolle, wie alt der andere ist. Theoretisch würde sich also jemand, der vor zwei Wochen 14 geworden ist, strafbar machen, wenn er jemanden küsst, der erst in zwei Wochen diesen Geburtstag feiert – auch wenn beide sehr verliebt und durchaus einverstanden sind. Wenn der eine 18, der andere noch nicht 14 ist, wäre ein Kuss, der mehr ist als ein Bussi, sogar ein »schwerer Fall des sexuellen Missbrauchs von Kindern«. Denn der, bestimmt der Gesetzgeber, liegt immer dann vor, wenn der Ältere »mit dem Kind den Beischlaf vollzieht oder ähnliche sexuelle Handlungen an ihm vornimmt (...), die mit einem Eindringen in den Körper verbunden sind«. Tatsächlich wurde nach diesem Paragraphen am Amtsgericht München einmal ein Mann verurteilt, der einem Mädchen die Zunge ins Ohr gesteckt hatte. Das Mädchen wollte das nicht und fand es bestimmt eklig – aber ob so etwas wirklich mit einer Mindestfreiheitsstrafe von einem Jahr bedroht sein muss, das kann man sich schon fragen.

Überhaupt ist das so eine Sache: das Strafmaß bei Sexualdelikten. Das Thema erregt die Öffentlichkeit in einem Grad, der es den Gerichten oft schwer macht, eine angemessene Strafe zu finden. Denn selbstverständlich gibt es auch hier verschiedene Stufen der Schuld; das Wort vom »Wegsperren für immer« ist schnell gesagt und trifft doch nur für wenige, höchst gefährliche Täter zu. Natürlich wird niemand Verständnis haben für Menschen, die Kinder zu sexuellen Handlungen zwingen, die sie vergewaltigen und foltern, um die ganze Abscheulichkeit zu fotografieren und damit Geld zu verdienen. Aber es gab auch schon Fälle, in denen zum Beispiel ein Lehrer sich in eine minderjährige Schülerin verliebt hat, richtig verliebt. Verlieben darf er sich, das kann kein Gesetz der Welt verbieten. Aber er darf es nicht ausleben. Dagegen steht der Paragraph 174, »Sexueller Missbrauch von Schutzbefohlenen«: Er darf es nicht, wenn es sich um eine Person handelt, »die ihm zur Erziehung, zur Ausbildung oder zur Betreuung der Lebensführung anvertraut ist« – wenn die Person unter 16 Jahre alt ist. Ist sie zwischen 16 und 18 Jahre alt, darf er sich nicht körperlich nähern, wenn er die Abhängigkeit ausnützt, die sich aus dem Betreuungsverhältnis ergibt. Dass solche Geschichten trotzdem anders zu beurteilen sind als der Fall des kriminellen Kinderporno-Händlers, das steht dann im Absatz 4 des Paragraphen: Das Gericht kann von Bestrafung absehen, »wenn bei Berücksichtigung des Verhaltens des Schutzbefohlenen das Unrecht der Tat gering ist«. Das heißt: Wenn der Schüler, die Schülerin einverstanden war, dann muss das auch nicht bestraft werden – außer das Gericht findet, der Lehrer habe doch zu viel mit guten

Noten oder sonst etwas gelockt, also seine Machtstellung ausgenutzt.

Warum macht jemand so etwas?

Aber bleiben wir bei den echten Missbrauchsfällen, wo Kindern, Jugendlichen schlimme, manchmal unvorstellbare Dinge angetan werden, die sie manchmal für den Rest ihres Lebens verfolgen. Wenn solche Verbrechen zur Anklage kommen, dann reden die Juristen in und vor dem Gerichtssaal oft vom »20er«, vom »21er« und vom »63er«. Sie meinen damit Paragraphen aus dem Allgemeinen Teil des Strafgesetzbuches – es geht dort um Schuldunfähigkeit, um verminderte Schuldfähigkeit und um die »Unterbringung in einer psychiatrischen Anstalt«. Denn mehr noch als bei anderen Straftaten müssen sich die Gerichte bei Sexualdelikten fragen: Wie ist jemand zu solchen Handlungen fähig? Deshalb wird in praktisch allen diesen Fällen der Angeklagte von einem Psychiater begutachtet. Im Paragraph 20 steht unter anderem der Begriff der »schweren seelischen Abartigkeit«, die einen Täter schuldunfähig macht. Das heißt nun nicht, dass er einfach weitermachen kann. Wenn der Psychiater in seinem Gutachten zu diesem Ergebnis kommt – und ebenso beim Paragraphen 21, der die Schuldfähigkeit nur einschränkt, nicht aufhebt –, dann steht dem Gericht zwar das Gefängnis nicht zur Verfügung: Wer nicht schuldfähig ist, kann auch nicht bestraft werden. Aber dann kommt »der 63er« ins Spiel: Das Gericht kann verfügen, dass der Angeklagte in ein psychiatrisches Krankenhaus eingewiesen wird.

Das ist dann oft die große Stunde der Boulevard-Zeitungen: »Er muss nicht mal in den Knast!«, schreien die Schlagzeilen und befriedigen – vielleicht – die Emotionen der Leser. Ganz sicher jedoch tragen sie zur Volksverdummung bei. Denn die Wahrheit ist: Die Einweisung in die Psychiatrie ist die sehr viel härtere Strafe, auch wenn die Lebensbedingungen im Krankenhaus vielleicht angenehmer sind als in einer Justizvollzugsanstalt. Der verurteilte Straftäter, der zum Beispiel wegen sexuellen Missbrauchs von Kindern die Höchststrafe von zehn Jahren erhalten hat, kann sich sehr genau ausrechnen, wann er wieder in Freiheit kommt. Zwei Drittel der Strafe muss er im Normalfall absitzen, die Untersuchungshaft wird abgezogen – wenn er wollte, könnte er eine Strichliste in die Zellenwand ritzen und einfach auf den Tag warten. Die Unterbringung in der Psychiatrie hingegen ist grundsätzlich unbefristet. Ob der Täter freikommt, entscheidet nicht – wie bei der Haft – eine Bewährungskammer, also ein Gericht, nach mehr oder weniger formalen Kriterien. Ob der Insasse einer psychiatrischen Anstalt entlassen wird, entscheiden in erster Linie die Therapeuten dort: Hat er an seiner psychologischen Verfassung gearbeitet? Kann er mit seinem Trieb, dem fehlgeleiteten, umgehen? Weiß er, dass das, was ihn drängt, nicht erlaubt ist, dass er anderen Menschen, Kindern, Schaden zufügt? Erst wenn das sicher ist, dürfen die Ärzte ihr Einverständnis zur Entlassung geben. Und dann ist, wenn es gut ging, sehr viel mehr geleistet, als wenn der Täter für ein paar Jahre in der Zelle saß und sonst nichts mit ihm passierte – sehr viel mehr, als die immer währenden Rufe nach härteren Strafen versprechen können. Denn was hilft es, wenn die Täter ein bisschen länger hinter ein bisschen dickeren Mauern sitzen, wenn sie danach ohne Einsicht in ihr Menschen verachtendes

Tun, ohne Therapie und genauso gefährlich in Freiheit gelassen werden? Die nächsten Taten sind vorhersehbar.

Es wird Einwände geben gegen diese Ansicht, das ist klar. Die Einwände werden begründet werden mit Fällen, in denen Gutachter einem Psychiatrie-Insassen die Ungefährlichkeit bescheinigt haben, er wird entlassen – und kurz darauf missbraucht, vergewaltigt, tötet er erneut. Das ist unerträglich, sicher. Aber Rechtsstaat bedeutet auch: im Namen des Rechtsstaats Fehler zu machen. Vielleicht würden überhaupt keine Verbrechen mehr passieren, wenn man alle Menschen für alle Zeiten einsperren würde. Aber kann man das wollen?

Um auf den sexuellen Missbrauch zurückzukommen: Viel wichtiger könnte es sein, achtsamer zu werden für das, was geschieht rings um uns: Ist die Freundin neuerdings verstockt? Gibt es Themen, über die sie nicht reden will? Zieht sie sich zurück und wird sie biestig, wenn ein Typ sie ganz normal anquatscht? Das muss alles überhaupt nichts bedeuten – vielleicht hat sie nur einen Pickel zu viel und ein paar Erfolgserlebnisse zu wenig. Aber wenn es anhält, könnte das ein Zeichen sein, dass irgendetwas Komisches passiert. Man kann natürlich gleich zur Polizei gehen. Die behandelt das allerdings sofort als Anzeige mit allen Konsequenzen. Auch Lehrer, Verwandte, erwachsene Freunde etc. unterliegen grundsätzlich der Anzeigepflicht, das heißt, sie machen sich selbst strafbar, wenn sie von einer – potenziellen – Tat erfahren und sie nicht anzeigen. Es gibt allerdings in jeder Stadt sozialtherapeutische Einrichtungen, die dieser Anzeigepflicht nicht unterliegen – dort kann man von Problemen berichten, und die Mitarbeiter dürfen schweigen, aber können trotzdem etwas tun. Psychologen sagen: In den meisten Fällen hört der Missbrauch auf, wenn er aufgedeckt ist.

Mord und Totschlag

Zugegeben: Es ist nicht immer leicht zu verstehen, wie Juristen denken. Besonders schwierig wird es, wenn der Text des Gesetzes auf juristischen Volksglauben trifft, auf fest verwurzeltes vermeintliches Wissen über zum Beispiel das Strafgesetzbuch. Hierzu ein Beispiel:

Eine Frau hat Probleme in ihrer Ehe – ihr Mann verdächtigt sie, ihn betrogen zu haben, womöglich sei das gerade drei Wochen alte Baby nicht von ihm. Sie ist verzweifelt, weil sie befürchtet, er werde sich scheiden lassen. (Das Beispiel stammt aus dem Jahr 1955, da war eine Frau nach der Scheidung in vielen Fällen wirklich gesellschaftlich geächtet, und auch finanziell war eine Absicherung wie heute nicht zu erwarten.) Weil sie keinen anderen Ausweg mehr sieht, entschließt sie sich, das Baby zu töten. Sie mischt zerstoßene Schlaftabletten in seinen Brei, das Kleine stirbt tatsächlich.

Geplant oder im Affekt

Mord oder Totschlag? 99 Prozent der Menschen wären wahrscheinlich felsenfest überzeugt, dass die Frau wegen Mordes verurteilt werden müsse – gemäß der landläufigen Meinung, Mord geschehe geplant, Totschlag im Affekt. Kaum herumgesprochen hat sich, dass diese Regel schon seit 1941 nicht mehr gilt. Seitdem treffen die Gerichte die Unterscheidung anhand von acht so genannten »Mordmerkmalen«, die im Paragraph 211 des Strafgesetzbuches festgeschrieben sind. Die Tötung eines Menschen ist danach ein Mord, wenn die Tat geschieht:

- aus Mordlust, also aus perversem Vergnügen an der Tötung,
- zur Befriedigung des Geschlechtstriebes,
- aus Habgier,
- grausam,
- mit gemeingefährlichen Mitteln,
- um eine andere Straftat zu ermöglichen oder zu verdecken,
- mit Heimtücke,
- aus sonstigen niedrigen Beweggründen.

Von Planung oder von Affekt steht nichts im Gesetz – die weit verbreitete Meinung über den Unterschied von Mord und Totschlag spielt vor Gericht keine Rolle. Wenn also zum Beispiel ein Einbrecher auf frischer Tat ertappt wird, in Panik gerät und seinen Gegner erschlägt, dann wird das ziemlich sicher ein Mord sein, nämlich eine Tötung, um eine andere Straftat, den Einbruch, zu verdecken. Andererseits kann etwa eine misshandelte Frau durchaus längere Zeit akribisch planen, ihren Peiniger zu töten. Wenn sie das nicht heimtückisch tut, also ihm nicht von hinten einen Hammer über den Schädel schlägt, während er nichts ahnend beim Fernsehen sitzt – in den Anklageschriften heißt die Formulierung »und sich eines Angriffs nicht versah« –, dann wird sie eventuell mit Totschlag davonkommen. Man könnte sagen (und so denken Juristen): Sie müsste einen handgreiflichen Streit provozieren und in seinem Verlauf ihren Mann töten. Dann würde, wenn sonst nichts dazukommt, das Urteil auf Totschlag lauten, auch wenn sie sich die Tat lange vorgenommen hat.

Lebenslang

Für die Angeklagte ist das ein riesiger Unterschied – deshalb kämpfen die Verteidiger in Mordprozessen meistens genau darum: die Mordmerkmale wegzubekommen und eine Verurteilung wegen Totschlags zu erreichen. Denn dann hat das Gericht einen Spielraum darin, für wie lange der Täter ins Gefängnis muss – fünf Jahre mindestens, in »besonders schweren Fällen« ist auch lebenslang möglich. Bei Mord hingegen gibt es nur eine Möglichkeit: »Der Mörder wird mit lebenslanger Freiheitsstrafe bestraft«, heißt der erste Satz des Paragraphen 211. Es gibt keinen minder schweren Fall (mit einer kleinen Einschränkung, die allerdings eher akademisch ist und in der Praxis so gut wie nie vorkommt), es gibt keine Berücksichtigung der Tatumstände und der Vorgeschichte, keine mildernden Umstände – Mord ist Mord, und eine Verurteilung wegen Mordes bedeutet: lebenslang ins Gefängnis.

Aber was heißt das: lebenslang? Na ja, bis er halt dann stirbt, wird der normal denkende Mensch sagen. Nicht so Juristen – das Bundesverfassungsgericht entschied 1977, auch ein zu lebenslanger Freiheitsstrafe verurteilter Mensch müsse die Chance haben, nach einer angemessenen Frist wieder freizukommen. Das bedeutet heute: Der »Lebenslängliche« kann nach der Verbüßung von 15 Jahren Haft einen Antrag auf Entlassung zur Bewährung stellen. Das heißt: Stellen kann er den Antrag eigentlich jederzeit. Aber nach 15 Jahren wird er damit normalerweise Erfolg haben, wenn er sich im Gefängnis gut geführt hat, wenn er erkennbar an sich gearbeitet hat, wenn er nicht bei jeder Kleinigkeit wieder gewalttätig geworden ist. Die Bearbeitung dieses Antrags dauert natürlich seine Zeit, so dass »Lebenslang« heute im Durchschnitt bedeutet: Nach 18 Jahren kommt er wieder raus.

Besonders schuldig

Allerdings gibt es Fälle, in denen das Gericht findet, diese 18 Jahre seien noch zu wenig für diesen speziellen Täter, für diese spezielle Tat. Dann kann es im Urteil die »besondere Schwere der Schuld« feststellen und festschreiben. Diese Möglichkeit besteht – grob gesagt –, wenn von den oben beschriebenen Mordmerkmalen mindestens zwei vorliegen. Wenn also ein Täter nicht nur aus Habgier getötet hat, sondern auch noch mit besonderer Grausamkeit. Für den Verurteilten bedeutet das, dass er nicht nach 15 Jahren den Antrag auf vorzeitige Entlassung stellen kann, sondern erst nach 18 Jahren. Dann dauert es wieder, und nach 20 bis 21 Jahren können sich dann auch für ihn die Gefängnistüren öffnen.

Ist das ausreichend? Hat nicht jemand, der einem anderen Menschen das Leben genommen hat, jedes Recht verwirkt, jemals wieder selbst ein normales Leben zu führen? Und wenn die Todesstrafe in unserem Staat schon abgeschafft ist, auch mit schauderndem Blick auf die deutsche Vergangenheit – sollte dann einer, der getötet hat, nicht wenigstens wirklich den Rest seines Lebens hinter Gittern verbringen? Das ist ein sehr alttestamentarischer Anspruch, Auge um Auge, Zahn um Zahn. Man kann das Ganze aber auch aus dem Blickwinkel des Täters betrachten. Angenommen, er hat den Mord mit 20 Jahren begangen (meistens sind die Täter älter): Dann sitzt er im Knast, während seine Altersgenossen studieren oder einen Beruf erlernen, sich verlieben, eine Familie gründen, Kinder bekommen, ein Haus bauen, Karriere machen, Geld verdienen. Er wird entlassen mit Ende 30, Anfang 40 und hat nichts. Wenn er bei Begehung der Tat älter ist, verbringt er jene Zeit des Lebens im Gefängnis, in der andere ihren Lebensstandard sichern, das verdiente Geld genießen, ihre Enkelkinder aufwachsen sehen, sich auf den Ruhestand freuen. Dann wird er entlassen und hat nichts – keinen Beruf, keine Familie, keinen Besitz. Ein verpfuschtes Leben, und 20 Jahre lang hat er in der Knastwerkstatt Bohrer in Schachteln sortiert. Strafe genug?

Alles außer Mord

Der Vollständigkeit halber: Die Tötung von Menschen wird im StGB nicht nur in den Paragraphen 211 (Mord) und 212 (Totschlag) behandelt. Es gibt außerdem noch die Körperverletzung mit Todesfolge und die fahrlässige Tötung, etwa wenn ein Betrunkener mit 90 Stundenkilometern durch die Stadt fährt und nicht mehr rechtzeitig bremsen kann, wenn ein Fußgänger auf die Straße tritt. Der Tod von Menschen spielt eine Rolle in den Paragraphen über Brandstiftung und über sexuellen Missbrauch. All diese Taten sind mit schweren Strafen bedroht, aber keine so uneingeschränkt und ausweglos wie der Mord: Der Mörder wird mit lebenslanger Freiheitsstrafe bestraft.

Und die Frau, die ihr drei Wochen altes Baby mit Schlaftabletten vergiftet hat? Der Bundesgerichtshof machte das Urteil 1955 an der Heimtücke fest: Wenn die Tabletten bitter geschmeckt haben und die Frau sie unter den süßen Brei gemischt hatte, um den Geschmack zu verdecken – dann sei das heimtückisch, weil so »der natürliche Abwehrinstinkt des Kindes ausgeschaltet« sei: Mord. Wenn die Tabletten aber süß geschmeckt hätten und das Kind sie auch so genommen hätte, dann sei es keine Heimtücke, also Totschlag und bei der Strafzumessung kann die schwierige psychische Situation der Frau berücksichtigt werden. So denken Juristen.

Körperverletzung

Glücklicherweise endet nicht jeder Angriff gleich mit dem Tod des Angegriffenen. Aber selbstverständlich sind auch andere Formen von Gewalt strafbar. Sie werden im Strafgesetzbuch im Paragraphen 223 und den folgenden behandelt. Die Überschrift lautet: Körperverletzung. »Wer eine andere Person körperlich misshandelt oder an der Gesundheit schädigt, wird mit Freiheitsstrafe bis zu fünf Jahren oder Geldstrafe bestraft.« Zunächst: Körperverletzung ist nur an Menschen möglich. Wer nach einem Hund tritt, wird eventuell auch bestraft, aber nicht nach diesem Paragraphen. Eine zweite Unterscheidung ist die zwischen Misshandlung und Gesundheitsschädigung. Wenn etwa eine Prostituierte ohne Kondom einen Freier befriedigt, obwohl sie weiß, dass sie an einer ansteckenden Krankheit leidet, und den Freier dadurch infiziert – dann hat sie ihn nicht misshandelt, aber auf jeden Fall an der Gesundheit geschädigt. Und auch die Misshandlung findet sich in zwei Varianten: als »Störung der körperlichen Unversehrtheit« zum einen, also durch Verletzung, Verbrennung, Hieb, Schlag, Schuss etc. Aber auch als »Störung des körperlichen Wohlbefindens«, durch Schmerz oder auch durch Ekel: Wer in einen voll besetzen Saal ein Fläschchen mit der stark stinkenden Buttersäure schmeißt, der kann durchaus eine Körperverletzung begehen, auch wenn im eigentlichen Sinn niemand verletzt wird.

Gefährlich oder schwer?

Die Körperverletzung kennt zwei Steigerungen, die gefährliche und die schwere Körperverletzung. Bei der gefährlichen geht es um das Mittel: Wer sie begeht durch Gift, mit einer »Waffe oder einem anderen gefährlichen Werkzeug«, durch einen hinterlistigen Überfall, mit anderen zusammen oder auf eine Weise, die das Leben des Angegriffenen gefährdet, für den erhöht sich die Strafe auf sechs Monate bis zehn Jahre – Geldstrafe ist da nicht mehr drin. Besonders interessant ist die Formulierung »oder eines anderen gefährlichen Werkzeugs«. Das kann ein Baseballschläger sein, klar. Aber die Gerichte sehen zum Beispiel auch schwere Stiefel als gefährliches Werkzeug an, wenn mit ihnen auf das Opfer eingetreten wird. Dagegen ist eine heiße Herdplatte, auf die das Opfer gestoßen wird, kein gefährliches Werkzeug: Zum Werkzeug gehört, dass es auf den Angegriffenen hinbewegt wird, nicht andersrum. Versteht keiner, ist aber die Meinung der Rechtsprechung.

Während es bei der gefährlichen Körperverletzung um das Mittel geht, mit dem die Tat begangen wird, kommt es bei der schweren auf ihre Folgen an. Schwere Körperverletzung wird angeklagt, wenn das Opfer bleibende Schäden davonträgt. Im Einzelnen führt der Paragraph an: das Sehvermögen (auf einem oder auf beiden Augen), das Gehör, das Sprechvermögen und die Fortpflanzungsfähigkeit, außerdem wenn ein wichtiges Glied des Körpers verloren geht oder nicht mehr gebraucht werden kann sowie dauerhafte Entstellung oder »Siechtum, Lähmung oder Behinderung«. Strafrahmen: ein bis zehn Jahre. Und wenn der Täter eine dieser Folgen wissentlich oder absichtlich herbeiführt, dann kommt er nicht unter drei Jahren davon.

Diebstahl, Untreue, Betrug

Dem Strafgesetzbuch wie auch dem BGB wird oft vorgeworfen, sie würden Eigentum und Vermögen mehr schützen als körperliche Unversehrtheit. Man kann das aus der Geschichte verstehen: Als das BGB im Jahr 1900 eingeführt wurde, war es nötig, Geschäftsbeziehungen zu regeln. Viele Probleme, die uns heute beschäftigen, gab es damals noch nicht – oder zumindest wurden sie nicht wahrgenommen von denen, die die Gesetze machten: Arbeits- und Aussichtslosigkeit, die sozialen Verwerfungen, die große Städte mit sich bringen. In den letzten Jahrzehnten ist auf diesem Gebiet einiges geschehen – vor allem auf dem Gebiet der Sexualstraftaten, was sicher auch daran liegt, dass gerade bei solchen Verbrechen die öffentliche wie die veröffentlichte Meinung besonders hohe Wellen der Empörung schlägt. Und auch wir haben uns ja in diesem Kapitel mit Vermögensdelikten kaum befasst. Deshalb soll es abgeschlossen werden mit den Komplexen Diebstahl (und dessen Unterformen Raub und räuberische Erpressung), Unterschlagung, Betrug und Untreue.

Das Ergebnis all dieser Taten ist eigentlich das Gleiche: Der eine hat etwas, was dem anderen gehört, und der andere hat es nicht freiwillig hergegeben. Damit geben sich Juristen jedoch nicht zufrieden, weshalb dieser Abschnitt auch noch einmal ein schöner Ausblick auf die Welt juristischen Denkens ist. Diebstahl ist »die Wegnahme einer fremden Sache in Zueignungsabsicht«, etwa: Fred hat sein Fahrrad unversperrt stehen lassen, ich gehe hin und nehme es einfach mit. Um es zu verkaufen oder um künftig selber mit dem Rad fahren zu können. Wenn Fred neben seinem Rad steht, ich hingehe, ihm eine reinhaue und das Rad dann mitnehme, dann ist das ein Raub – sozusagen ein Diebstahl mit Gewaltanwendung. Wenn ich hingegen zu Fred sage: »Gib mir dein Rad, sonst hau ich dir eine rein« – dann ist das kein Raub, sondern eine räuberische Erpressung: Denn jetzt nehme ich das Rad nicht selber, sondern Fred gibt es mir, mehr oder weniger freiwillig. Hier ist leicht zu sehen, dass es meistens kein Bankraub ist, wenn die Zeitungen von einem berichten: Wenn der Täter dem Kassierer die Pistole vorhält und der daraufhin selber das Geld in die Tüte packt, dann wird die Anklage später auf räuberische Erpressung lauten. Um genau zu sein, muss man hier auch noch die Nötigung erklären: Bei ihr wird das Opfer unter »Androhung eines empfindlichen Übels« veranlasst, etwas zu tun. Es fehlt aber – im Gegensatz zur räuberischen Erpressung – das Raubmittel und die Beute. Zum Beispiel: »Wenn du mich nicht abschreiben lässt, erzähle ich deinen Eltern, dass du neulich im Supermarkt geklaut hast.«

Was aber, wenn ich die Beute dem Besitzer gar nicht wegnehme, sondern er sie mir freiwillig gegeben hat? In unserem Fall habe ich also Fred gebeten, mir sein Fahrrad doch zu leihen, weil ich ... dringend zu einem Date muss und schon spät dran bin. Fred ist – noch – ein guter Freund und macht das natürlich. Wenn mir jetzt aber auf dem Weg zu dem Date einfällt, dass ich die Dame meines Herzens ja auch gerne zu einem Drink oder einem Eis einladen möchte? Wenn ich deswegen unterwegs am Rad-Secondhand Halt mache und Freds Fahrrad verkaufe? Diebstahl ist das nicht, denn ich habe das Rad ja nicht weggenommen, Fred hat es mir freiwillig gegeben. Die Juristen müssen das differenzieren und sprechen in diesem Fall von Unterschlagung. Der Unterschied dabei ist der so genannte Gewahrsamsbruch: Bei der Unterschlagung ist der Gewahrsam, also sozusagen der Besitz an dem Rad, bereits bei mir und muss nicht mehr gebrochen werden.

Gleicher Fall wie eben: Ich muss zum Date, bitte Fred um sein Rad, bekomme es auch – weiß aber schon vorher, dass ich diese Mitleidstour nur fahre, um das Bike verkaufen zu können. Das ist erneut ein eigener Tatbestand: »Wer in der Absicht, sich (...) einen rechtswidrigen Vermögensvorteil zu verschaffen, das Vermögen eines anderen dadurch beschädigt, dass er durch Vorspiegelung falscher (...) Tatsachen einen Irrtum erregt (...), wird mit Freiheitsstrafe bis zu fünf Jahren oder mit Geldstrafe bestraft.« Das ist Betrug: Ich täusche Fred über meine wahren Absichten, nämlich sein Rad zu Geld machen zu wollen, indem ich sage, ich müsste dringend zum Date. Wenn Fred gewusst hätte, was ich wirklich vorhabe, hätte er mir sein Rad niemals gegeben.

Die Männer mit dem schwarzen Geld

Zur Erheiterung lässt sich sagen, dass Betrug manchmal auch eine Frage der Intelligenz ist. Recht beliebt war bei Betrügern einige Zeit die »Schwarzgeld-Masche«. Die ist so abstrus, dass es sich lohnt, sie zu erzählen. Es kommen also ein oder zwei Männer zu einem Menschen, von dem anzunehmen ist, dass er Geld hat. Der bekommt folgende Geschichte aufgetischt: Ihr Auftraggeber sei ein reicher Potentat, vorzugsweise werden afrikanische Prinzen genommen. Der Prinz habe eine größere Menge Bargeld, die er gerne aus seinem Land schaffen möchte. Nur: Die Gesetze des Landes verbieten die Ausfuhr von Bargeld. Nun seien die Banknoten alle schwarz eingefärbt worden – niemand in dem afrikanischen Land habe etwas gegen die Ausfuhr von schwarzem Papier. In Deutschland können die Blätter ohne Probleme entfärbt werden, mit einer Einschränkung: Man braucht für die komplizierte chemische Prozedur die gleiche Menge an echtem Geld. Und wenn der Herr bereit wäre, die entsprechende Summe bereitzustellen, solle es sein Schaden nicht sein. Dann wird der Vorgang des Entfärbens mit einer kleineren Summe demonstriert, alles klappt wunderbar. Das geldgierige Opfer geht zur Bank, holt, was er kriegen kann – und bleibt selbstverständlich nach der nächsten Entfärbe-Aktion auf einem Haufen wertloser Zettel sitzen, während die Betrüger sich über die Beute und ihre Taschenspieler-Fähigkeiten freuen dürfen. Man sieht: Nicht mit allen Opfern von Verbrechen muss man Mitleid haben.

Rechtsmythen im Alltag

So ist das mit der Juristerei. Am Ende bleibt zu hoffen, dass das alles nicht mehr so finster, unerklärlich und unverständlich ist. Weil es aber immer noch mehr als genug Leute gibt, die in Rechtsfragen lieber ihre Kumpels zurate ziehen als das Gesetzbuch – oder einen Anwalt, wenn es sein muss –, weil deshalb immer noch viel zu viele Mythen, Halb- und Unwahrheiten unterwegs sind, deshalb zum Schluss fünf der beliebtesten Fehlmeinungen – und wie es wirklich ist.

Eltern haften für ihre Kinder

An jedem Baustellenzaun ist dieses Schild zu finden, und wohl die meisten Eltern glauben, sie müssten geradestehen, wenn ihre Kinder etwas angestellt haben. Dabei stimmt das in den wenigsten Fällen: Grundsätzlich haftet – zunächst einmal – jeder nur für sich selbst und seine Taten. Eltern haften nur dann, wenn sie ihre Aufsichtspflicht verletzt haben. Zwar steht im Paragraphen 832 BGB: »Wer (...) zur Führung der Aufsicht über eine Person verpflichtet ist, die wegen Minderjährigkeit (...) der Beaufsichtigung bedarf, ist zum Ersatz des Schadens verpflichtet, den diese Person einem Dritten widerrechtlich zufügt.« Aber dann folgt der Satz 2, auf den es meistens ankommt: »Die Ersatzpflicht tritt nicht ein, wenn er seiner Aufsichtspflicht genügt (...).« Was bedeutet das, »seiner Aufsichtspflicht genügt«? Es bedeutet, dass der Vater oder die Mutter das Kind dem Alter gemäß beaufsichtigen muss. Kinder im Krabbelalter haben die unangenehme Vorliebe, alles an sich zu ziehen, was sie erreichen können. Dass das zum Beispiel bei wertvollem Porzellan ziemlich teuer werden kann, das wissen sie noch nicht, und erklären kann man es ihnen auch schlecht. Wenn die Familie also bei der reichen Tante eingeladen ist, dann tun die Eltern gut daran, auf das Kind besonders aufzupassen, damit nichts passiert. Wenn hingegen ein 13-Jähriger mit seinen Freunden draußen ist, wenn er bis dahin nicht durch einen Hang zur Zerstörungswut aufgefallen ist, wird von den Eltern nicht erwartet, dass sie beständig hinterherlaufen und aufpassen, dass die wilden Fünf auch ja nichts anstellen. Wenn dann doch etwas passiert? Die Eltern jedenfalls müssen nicht haften. Allerdings kann der Besitzer der beschädigten Sache natürlich Ersatz von dem Kind selbst verlangen – entweder gleich, wenn es über eigenes Geld verfügt, oder später, wenn es zum Beispiel zu arbeiten begonnen hat.

Dieses Missverständnis über die elterliche Aufsichtspflicht führt übrigens oft zu Problemen mit der Haftpflichtversicherung, die es ja eigentlich für genau diesen Fall gibt: Etwas ist zu Bruch gegangen und ich bin schuld daran. Viele Eltern glauben nun, sie müssten beweisen, dass sie ihr Kind jederzeit perfekt im Auge hatten, und Tante Rosis wertvolle Vase ist trotzdem zu Boden gegangen. Aber, wie wir soeben gesehen haben: Wenn sie ihre Aufsichtspflicht nicht verletzt haben (was sie ja beteuern), dann sind sie auch nicht haftbar zu machen – und die Versicherung braucht nicht zu zahlen. Vielmehr müssten sie schreiben: »Wir wissen, dass unser Kind manchmal ein rechter Wildfang ist. Trotzdem haben wir uns einfach verquatscht und nicht mehr darauf geachtet, was es tut.« Aufsichtspflicht verletzt, Haftpflicht tritt ein, Versicherung muss zahlen.

Ein Bierdeckel ist eine praktische Sache. Da kann schon mal was überlaufen, ohne dass gleich der ganze Tisch schwimmt. Und die Bedienungen können ihr Gedächtnis entlasten, indem sie die Zahl der servierten Getränke auf dem Bierdeckel mit Strichen, Kreuzen oder Zahlen markieren. Wenn der Deckel nun schon ein bisschen eingeweicht ist, dann ist es kein Problem, eines oder mehrere dieser Zeichen mit dem Fingernagel wegzukratzen und so die Zeche nach unten zu korrigieren. Schließlich ist es doch das Problem der Bedienung, wenn sie sich nicht merken kann, was sie an den Tisch bringt, oder?

Vorsicht! Denn, man glaubt es kaum: Ein Bierdeckel ist eine Urkunde. Und wer daran manipuliert, kann sich der Urkundenfälschung strafbar machen. Urkunden sind also nicht nur offizielle, feierlich aufgesetzte Schriftstücke mit einer Kordel drum herum, sondern: »verkörperte Erklärungen, die ihrem gedanklichen Inhalt nach geeignet und bestimmt sind, für ein Rechtsverhältnis Beweis zu erbringen und die ihren Aussteller erkennen lassen«. Also kann jeder Schmierzettel, jeder Kassenbon und eben jeder Bierdeckel eine Urkunde sein; und wer sich daran zu schaffen macht, der macht sich strafbar. Die Ausrede, man habe das nicht gewusst, das mit der Urkunde, zieht übrigens nicht: Denn die Rechtsprechung nimmt immer an, dass der Täter wissen konnte, wozu die Striche gut waren – und das genügt in diesem Fall schon für den Vorsatz, besondere Rechtskunde ist dazu nicht erforderlich.

Wer betrunken Auto fährt, verliert seinen Führerschein

Gewiss – wenn ein Autofahrer bei einer Polizeikontrolle alkoholisiert erwischt wird, dann ist er den »Lappen« erst einmal los; für wie lange und unter welchen Voraussetzungen, das wurde schon erklärt. Was jedoch die wenigsten wissen: Auch Radfahrer und Fußgänger können ihren Führerschein verlieren, wenn sie betrunken sind. Wenn etwa jemand – eigentlich vorbildlich – seinen Rausch zu Fuß nach Hause trägt und dabei öfter mal mit der Polizei zu tun hat, vielleicht, weil er zwischendurch ein kleines Nickerchen auf dem Bürgersteig macht, dann wird die Führerscheinstelle (bei der Stadt oder dem Landratsamt) davon erfahren. Und kann nun sagen: Diesem Menschen fehlt es an der Zuverlässigkeit zur Teilnahme am Straßenverkehr. Denn wer regelmäßig mehr als zwei Promille im Blut hat, der muss an Alkohol gehörig gewöhnt sein, denn sonst könnte er diesen Wert gar nicht erreichen; ein Abstinenzler würde schon lange vorher einschlafen oder sich übergeben. Folglich ist damit zu rechnen, dass er auch im betrunkenen Zustand Auto fährt. Deshalb schicken wir ihn zur MPU, zur medizinisch-psychologischen Untersuchung. Dort versuchen Ärzte und Psychologen herauszufinden, wie der Mensch zu Alkohol steht, wie viel er überhaupt trinkt, ob er vielleicht wirklich ein Alkoholproblem hat und ob er dazu neigt, das zu verharmlosen. (»Ist doch nicht schlimm, wenn ich am Wochenende ab und zu 15 Biere trinke.«) Wenn die Untersuchung zu dem Ergebnis kommt, dass eine Gefahr besteht, kann die Zulassungsstelle wegen besagter Zweifel an der Zuverlässigkeit den Führerschein entziehen. Es gibt Leute, die finden es nicht gerecht, dass das alleine von einer Behörde entschieden wird und nicht von einem Richter. Aber es ist nun mal so, und wer die MPU verweigert, dem wird normalerweise auch die Fahrerlaubnis weggenommen. Bleibt nur eins: Von der Fete mit dem Taxi heimfahren. Oder gleich rechtzeitig aufhören mit dem Alkohol. Ist übrigens auch gesünder.

Steht im Strafprozess Aussage gegen Aussage, so wird der Angeklagte freigesprochen

Der Zeuge sagt: »Der da war es.« Der Angeklagte sagt: »Ich war es nicht.« Der Richter sagt: »Freispruch!« So einfach ist es – glücklicherweise – nicht. Denn es gibt zahlreiche Straftaten, vor allem bei den Sexualdelikten, von denen außer Täter und Opfer niemand etwas mitbekommen hat. Nun bräuchte der Täter ja immer nur zu leugnen und nie könnte einer verurteilt werden. Das kann natürlich nicht sein. Im Strafprozess gilt die so genannte »freie Beweiswürdigung«. Das heißt: Anders als im Zivilprozess, wo nach dem »Strengbeweis« verfahren wird – alles, was behauptet wird, muss bewiesen werden, durch Urkunden, Zeugenaussagen oder Ähnliches –, hat der Richter im Strafprozess die Möglichkeit, Aussagen und Beweise zu werten, also sich nach den Maßstäben der Vernunft zu entscheiden, welchen Aussagen er Glauben schenkt. Und wenn er zu der Überzeugung kommt, dass das Opfer glaubwürdig geschildert hat, was geschehen ist, die Aussage des Täters hingegen unlogisch oder widersprüchlich ist, dann kann der behaupten, er sei es nicht gewesen, so lange er will. Er wird trotzdem verurteilt werden. Gleiches gilt übrigens auch für zwei andere weit verbreitete Märchen, nämlich dass Aussagen von Verwandten nichts wert seien, hingegen Aussagen von Polizisten besonders viel. Natürlich wird der Richter bei Verwandten des Angeklagten als Zeugen verstärkt darauf achten, wie es denn mit dem »Entlastungseifer« aussieht, mit dem Versuch also, Positives herauszustellen und Negatives klein zu reden. Auch deshalb haben Verwandte ja ein Zeugnisverweigerungsrecht, um sie nicht in die Verlegenheit zu bringen, den Angeklagten zusätzlich zu belasten, wenn sie wahrheitsgemäß aussagen (wozu sie, wie jeder Zeuge, verpflichtet sind). Und umgekehrt wird ein Richter von einem Polizisten im Zeugenstand vielleicht eher annehmen, dass er sich rechtstreu verhält, dass er zudem professionell daran gewöhnt ist, genau hinzuschauen und detailliert zu berichten. Aber dass grundsätzlich dem Polizisten mehr geglaubt wird als der Verlobten des Angeklagten – davon kann keine Rede sein.

Spätestens den dritten Nachmieter muss der Vermieter akzeptieren, wenn man aus einem Mietvertrag herauswill

Ein Mensch hat eine Wohnung, die ihm plötzlich nicht mehr gefällt – er sucht sich eine andere. Nun muss er den Vertrag mit dem Vermieter der alten kündigen. Hat er einen unbefristeten Mietvertrag (und ist dort nichts anderes vereinbart), kann er jederzeit und ohne Angabe von Gründen mit einer Frist von drei Monaten kündigen. Also: Wenn ich zum 31. März ausziehen möchte, muss ich spätestens am 31. Dezember gekündigt haben. Schwieriger wird es, wenn der Mietvertrag befristet ist, also etwa drei Jahre bestehen soll und dann ausläuft, ohne dass er gekündigt werden muss. In diesem Fall hat der Vermieter grundsätzlich das Recht auf Erfüllung des Vertrags, das heißt auf Bezahlung der Miete über die gesamte Laufzeit. Heraus kommt der Mieter nur, wenn er einen triftigen Grund hat – wenn er zum Beispiel geheiratet hat und nun natürlich mit seiner Frau zusammenziehen will, wenn ein Baby unterwegs ist und die Wohnung zu klein werden würde, wenn er aus beruflichen Gründen in eine andere Stadt zieht etc. Bringt er dann noch einen »geeigneten und zumutbaren« Nachmieter, der den Mietvertrag zu den gleichen Bedingungen zu übernehmen bereit ist – dann hat der Vormieter das Recht, aus dem Vertrag entlassen zu werden. Mit der mystischen Zahl Drei hat das nichts zu tun. Wenn der erste Kandidat die Bedingungen erfüllt, genügt das schon. Und wenn der Mieter drei arbeitslose Obdachlose auf der Straße aufgabelt, muss der Vermieter keinen davon akzeptieren.

Bei unbefristeten Mietverträgen ergibt sich manchmal der Fall, dass die neue Wohnung bezogen werden soll, bevor die Kündigungsfrist für die alte abgelaufen ist. Auch hier wird oft versucht, mit Nachmieter-Angeboten ein vorzeitiges Ende des Mietvertrags zu erreichen. Ein vernünftiger Vermieter wird dabei auch mitmachen. Allerdings: Einen Rechtsanspruch darauf gibt es nicht.

Weitere Beispiele für die geheimnisvolle Zahl Drei in vielen juristischen Volksmythen: Drei Mal im Jahr darf man in der Wohnung eine Party feiern. Wer im Lokal drei Mal erfolglos nach der Rechnung verlangt hat, darf gehen ohne zu zahlen. Drei Mal muss ein Schuldner gemahnt werden, bevor man gerichtlich gegen ihn vorgehen kann. All diese Beispiele – und die meisten anderen, die die Drei beinhalten – haben eines gemeinsam: Sie stimmen nicht. Denn bei allem Formalismus des Rechts, so formal ist es dann doch wieder nicht, dass »Drei Mal schwarzer Kater« reichen würde für all die unterschiedlichen Vorgänge, die im täglichen Leben passieren können.

Zum Schluss

Vier Bereiche des Rechts – vier komplizierte, verwinkelte, gelegentlich unüberschaubare Komplexe. Wer dieses Buch zu Ende gelesen hat, der braucht jetzt vielleicht einen Rauchabzug für den Kopf. Dabei ist natürlich nur ein minimaler Prozentsatz dessen zur Sprache gekommen, was überhaupt alles durch Gesetze und Verordnungen geregelt ist, bis hin zu Kleinodien wie dem Moselschifffahrtsgesetz (das gibt es wirklich). Und mancher Leser fragt sich bestimmt immer noch: Ist das alles nötig? Muss denn ein einfacher Kauf wirklich zerlegt werden in Verpflichtung, Übereignung und noch mal Übereignung? Muss man unterscheiden zwischen Diebstahl, Raub, Betrug, Unterschlagung, wenn am Ende doch das Gleiche herauskommt, nämlich dass einer etwas hat, was einem anderen gehört? Und müssen Ämter, wenn sie vom Bürger etwas wollen, das unbedingt in einem Deutsch schreiben, das kein normaler Mensch mehr versteht? Wäre nicht alles doch einfacher, wenn viel weniger geregelt wäre, wenn die Menschen einfach untereinander vereinbaren würden, wie sie es machen wollen? Wer braucht eigentlich Gesetze?

So denken wahrscheinlich die meisten, die schon mal einen BAföG-Antrag ausgefüllt haben oder eine Einkommensteuererklärung. Etwas ins Grübeln können sie kommen, wenn sie das Recht einmal von der anderen Seite kennen lernen, wenn sie der sind, dem Unrecht geschehen ist: Der Vermieter schickt eine überhöhte Nebenkostenabrechnung. Ein Unbekannter hat eine Delle ins Auto gefahren. Der niegelnagelneue Fernseher funktioniert nicht. In diesen Fällen ist der Geschädigte in der schwächeren Position: Wie will er den Vermieter zwingen, die Rechnung zu reduzieren? Wer würde ihm helfen, den Unfallfahrer zu finden? Wie könnte er als kleiner Konsument das große Versandhaus überzeugen, ihm einen anderen, funktionierenden Fernseher zu liefern? Da wird er froh sein, dass es einen Paragraphen gibt, in dem steht, wer was zu tun hat, und den er notfalls auch vor Gericht durchsetzen kann.

Unbestritten – zu viel ist geregelt, langsam beginnt auch der Gesetzgeber das einzusehen und Gesetze zu streichen und an den Grafen Montesquieu zu denken: »Wenn es nicht notwendig ist, ein Gesetz zu erlassen, so ist es notwendig, keines zu erlassen.« Aber die Grundlagen der Gesellschaft, die Grundlagen von Geschäften und gegenseitigen Verpflichtungen, die Grundsätze darüber, was erlaubt und was verboten ist, werden immer geregelt sein müssen, und für jeden Bürger kann es nur gut sein, darüber einigermaßen Bescheid zu wissen – nur wer sein Recht kennt, kann es anwenden. Das gilt für die Bundestags- oder Landtagswahl genauso wie für den Hausbau, für die Eheschließung ebenso wie für die Fahrt mit dem Auto, beim Herunterladen eines Klingeltons und beim Kopieren einer CD für die Freundin: Recht, das ist allgegenwärtig, auch wenn wir es nicht immer spüren. Recht, das geht uns alle an.

Verwendete und weiterführende Literatur

Gesetzestexte

- Grundgesetz für die Bundesrepublik Deutschland. Mit Europäischer Menschenrechtskonvention, Parteiengesetz u. a. Beck-Texte im dtv, 2004.
- Bürgerliches Gesetzbuch. Beck-Texte im dtv, 2005.

Einführungen, Überblicksdarstellungen und Lexika

- Uwe Wesel: Geschichte des Rechts. Von den Frühformen bis zur Gegenwart. C. H. Beck Verlag, München, 2001.
- Uwe Wesel: Fast alles, was Recht ist. Jura für Nicht-Juristen. Piper Verlag, München, 2004.
- Ralf Höcker: Lexikon der Rechtsirrtümer. Zechprellerei, Beamtenbeleidigung und andere juristische Volksmythen. Ullstein, Berlin, 2004.
- Holger Weimann/Norbert Leppert/Frauke Höbermann: Gerichtsreporter.
  Praxis der Berichterstattung. Zeitungs-Verlag Service GmbH, Berlin, 2005.
- Eckart Müller: Rechtskurs Strafrecht. Hueber-Holzmann Verlag, München, 1985.
- Hans-Dieter Schwind/Helwig Hassenpflug/Peter-Helge Hauptmann: Jura leicht gemacht. Eine Einführung in die Welt des Rechts. Ewald von Kleist Verlag, Berlin, 2003.
- Hans-Dieter Schwind/Helwig Hassenpflug/Heinz Nawratil: BGB leicht gemacht. Ewald von Kleist Verlag, Berlin, 2003.
- Hans-Dieter Schwind/Helwig Hassenpflug/Heinz Nawratil/Georg Nawratil: Strafrecht leicht gemacht. Ewald von Kleist Verlag, Berlin, 2003.
- Erich Hilgendorf: dtv-Atlas Recht. Bd. 1 u. 2. München 2005, 2006

Im Internet finden sich jede Menge Seiten mit Gesetzestexten im Original oder mit Kommentaren und Erläuterungen zu bestimmten juristischen Themen.
Der Autor hat hauptsächlich gearbeitet mit:

- www.dejure.org. Umfangreiche Gesetzessammlung mit BGB, ZPO, StGB, StPO und vielem mehr.
- www.eufi.de. Etwas übersichtlicher als dejure.org, besonders bei Strafgesetzbuch und Strafprozessordnung.

Daneben halten die meisten Bundesministerien Gesetzestexte und erläuternde Broschüren zu den Themen bereit, mit denen sie sich befassen. So finden sich auf der Seite des Justizministeriums einigermaßen verständliche Zusammenfassungen des Ehe- und des Kindschaftsrechtes: www.bmj.bund.de.

Stichwortverzeichnis